Wie Sie für Ihr Kochbuch werben.

WIE SIE FÜR IHR KOCHBUCH WERBEN

Serie "Wie fördert man"
von: D.K. Hawkins
Version 1.1 ~November 2022
Veröffentlicht von D.K. Hawkins bei KDP
Copyright ©2022 von D.K. Hawkins. Alle Rechte vorbehalten.

Kein Teil dieser Veröffentlichung darf ohne vorherige schriftliche Genehmigung der Herausgeber in irgendeiner Form oder mit irgendwelchen Mitteln, einschließlich Fotokopien, Aufzeichnungen oder anderen elektronischen oder mechanischen Methoden oder mit Hilfe eines Informationsspeicher- oder -abrufsystems, vervielfältigt, verbreitet oder übertragen werden, mit Ausnahme von sehr kurzen Zitaten in kritischen Rezensionen und bestimmten anderen nichtkommerziellen Verwendungen, die nach dem Urheberrecht zulässig sind.

Alle Rechte vorbehalten, einschließlich des Rechts auf vollständige oder teilweise Vervielfältigung in jeder Form.

Alle Angaben in diesem Buch wurden sorgfältig recherchiert und auf ihre sachliche Richtigkeit überprüft. Der Autor und der Herausgeber übernehmen jedoch keine Garantie, weder ausdrücklich noch stillschweigend, dass die hierin enthaltenen Informationen für jede Person, jede Situation oder jeden Zweck geeignet sind, und übernehmen keine Verantwortung für Fehler oder Auslassungen.

Der Leser übernimmt das Risiko und die volle Verantwortung für alle Handlungen. Der Autor kann nicht für Verluste oder Schäden verantwortlich gemacht werden, die sich aus den in diesem Buch enthaltenen Informationen ergeben, seien es Folgeschäden, zufällige Schäden, besondere Schäden oder sonstige Schäden.

Alle Bilder sind frei verwendbar oder von Stockfoto-Websites erworben oder lizenzfrei für die kommerzielle Nutzung. Ich habe mich bei der Erstellung dieses Buches auf meine eigenen Beobachtungen sowie auf viele verschiedene Quellen gestützt, und ich habe mein Bestes getan, um Fakten zu überprüfen und Quellenangaben zu machen, wo sie angebracht sind. Sollte Material ohne entsprechende Erlaubnis verwendet worden sein, kontaktieren Sie mich bitte, damit das Versehen korrigiert werden kann.

Die in diesem Buch enthaltenen Informationen dienen nur zu Informationszwecken und sind nicht als Quelle für Ratschläge oder Kreditanalysen in Bezug auf das dargestellte Material gedacht. Die in diesem Buch enthaltenen Informationen und/oder Dokumente stellen keine Rechts- oder Finanzberatung dar und sollten niemals ohne vorherige Rücksprache mit einem Finanzfachmann verwendet werden, um festzustellen, was für Ihre individuellen Bedürfnisse am besten geeignet ist.

Der Herausgeber und der Autor geben keine Garantie oder andere Versprechen hinsichtlich der Ergebnisse, die durch die Verwendung des Inhalts dieses Buches erzielt werden können. Sie sollten niemals eine Investitionsentscheidung treffen, ohne vorher Ihren eigenen Finanzberater zu konsultieren und Ihre eigenen Nachforschungen und Sorgfaltsprüfungen durchzuführen. Soweit gesetzlich zulässig, lehnen der Herausgeber und der Autor jegliche Haftung für den Fall ab, dass sich die in diesem Buch enthaltenen Informationen, Kommentare, Analysen, Meinungen, Ratschläge und/oder Empfehlungen als ungenau, unvollständig oder unzuverlässig erweisen oder zu Investitions- oder anderen Verlusten führen.

Der in diesem Buch enthaltene oder zur Verfügung gestellte Inhalt stellt keine Rechts- oder Anlageberatung dar, und es wird keine Beziehung zwischen Anwalt und Mandant begründet. Der Herausgeber und der Autor stellen dieses Buch und seinen Inhalt auf einer "wie besehen"-Basis zur Verfügung. Die Nutzung der Informationen in diesem Buch erfolgt auf eigene Gefahr.

INHALTSVERZEICHNIS.

Wie Sie für Ihr Kochbuch werben. 1
INHALTSVERZEICHNIS. 4
EINFÜHRUNG. 6
KAPITEL 1: WIE SIE IHR KOCHBUCH SCHREIBEN UND VERÖFFENTLICHEN. 10
KAPITEL 2: DIE GRUNDZUTATEN DER KOCHBUCHVERÖFFENTLICHUNG. 14
KAPITEL 3: WIE SIE MIT DER WERBUNG FÜR IHR KOCHBUCH BEGINNEN. 21
KAPITEL 4: WARUM HABEN SIE IHR REZEPTBUCH GESCHRIEBEN? 27
KAPITEL 5: WIE SIE IHR REZEPTBUCH DURCH TREUETRANSFER BEWERBEN KÖNNEN. 34
KAPITEL 6: WIE KOCHBUCHAUTOREN EINEN FANTASTISCHEN KOCHBEITRAG FÜR DAS FERNSEHEN ERSTELLEN KÖNNEN. 41
KAPITEL 7: ERSTELLEN SIE IHR REZEPTBUCH ZUM VERGNÜGEN ODER AUS PROFITGRÜNDEN? 51
KAPITEL 8: WIE SIE IHR REZEPTBUCH AUF FACEBOOK BEWERBEN KÖNNEN. 56
KAPITEL 9: WIE MAN EINE MARKETINGSTRATEGIE FÜR EIN BUCH ENTWICKELT. 61
KAPITEL 10: ENTWICKLUNG EINER WERBEKAMPAGNE FÜR BÜCHER. 67

KAPITEL 11: WIE SIE DIE BERICHTERSTATTUNG ÜBER IHR REZEPTBUCH AUFRECHTERHALTEN KÖNNEN. 75

KAPITEL 12: ORGANISATION VON AUTORENVERANSTALTUNGEN UND SIGNIERSTUNDEN, UM DIE BEKANNTHEIT DES BUCHES ZU STEIGERN. 82

KAPITEL 13: SOLLTEN SIE ERWÄGEN, IHR REZEPTBUCH IM BUCHHANDEL ZU VERKAUFEN? 102

KAPITEL 14: VERBESSERUNG DER MARKETINGSTRATEGIE FÜR IHR REZEPTBUCH. 107

KAPITEL 15: ÜBER DEN WORTLAUT DES BUCHES HINAUS. 115

SCHLUSSFOLGERUNG. 119

EINFÜHRUNG.

Wenn Sie jemals mit dem Gedanken gespielt haben, ein Kochbuch zu veröffentlichen und zu vermarkten, sollten Sie diesen Leitfaden gründlich lesen. Die Beliebtheit von Kochbüchern als leicht zu verkaufende Ware hat weiter zugenommen, ebenso wie das Design des Buches, die Qualität der Rezepte und die Originalität des Selbstverlegers.

In den letzten 50 Jahren haben Kochbücher bewiesen, dass sie viel mehr sind als nur eine Zusammenstellung von Rezepten. Kochbücher sind ein hervorragendes Instrument der Öffentlichkeitsarbeit. Sie tragen zur lokalen Überlieferung bei.

Kochbücher sind bedeutende Aufzeichnungen über das Erbe einer Nation. Sie sind ein Sammlerstück, ein Familienerinnerungsstück und ein Mittel zur Bewahrung unserer Identität. Die Weitergabe von Rezepten von einer Generation zur nächsten, ob sie nun in einem Kochbuch veröffentlicht werden oder nicht, hat eine lange Tradition.

Der Markt für Kochbücher kann niemals gesättigt sein, da das Publikum immer auf der Suche nach neuen Rezepten und den köstlichsten Zubereitungsarten für Mahlzeiten ist. Kochbücher verlassen die Küche und finden einen Platz auf dem Couchtisch, da immer mehr von ihnen neben den Rezepten auch Farbfotos und interessante Zusatzinformationen enthalten.

Die meisten Kochbuchkäufer sind so genannte Sesselköche. Sie haben keine Zeit zum Kochen, lesen aber gerne Rezepte und Artikel über Kochen und Essen und sammeln wunderschöne Kochbücher. Ich weiß, dass das stimmt, denn ich habe unzählige Stunden damit verbracht, in meinen Kochbüchern Rezepte zu markieren, die ich eines Tages ausprobieren möchte.

Essen und Kochen sind integrale Bestandteile des täglichen Lebens und machen Kochbücher in jedem amerikanischen und europäischen Haushalt unverzichtbar. Selbst in einer schwachen oder rückläufigen Wirtschaft ist der Absatz von Kochbüchern konstant hoch.

Wir leben in einer Kultur, die von Kochbüchern besessen ist. Ob man sie nun zum Lesen oder zur Zubereitung von Mahlzeiten kauft, Kochbücher sind Jahr für Jahr beliebt. 80 Prozent der Kochbücher werden durch Mundpropaganda verkauft, und der Verkauf von Kochbüchern steigt jedes Jahr weiter an. In manchen Jahren hat er 76 % erreicht.

Drei von zehn amerikanischen Frauen sammeln Kochbücher, und die durchschnittliche amerikanische Frau besitzt etwa 15 Kochbücher. Siebenundneunzig Millionen Menschen haben ein Buch verschenkt oder geschenkt bekommen, wobei das Kochen das beliebteste Genre ist.

Sie könnten Ihre Rezepte schnell und kostengünstig in einem einfachen Büchlein veröffentlichen, während Sie von zu Hause aus arbeiten. Der Selbstverlag eines Fachbuchs ist eine zweite Alternative. Allerdings braucht man dafür mehr Kapital. Farbige Bilder sind nicht notwendig, um ein schönes Buch mit Ihren Rezepten zu gestalten.

Ziehen Sie die Veröffentlichung eines Kochbuchs mit Farbbildern in Erwägung, wenn Sie über beträchtliche Mittel verfügen, die Sie in Ihr Self-Publishing-Unternehmen investieren können. Die Entscheidung liegt bei Ihnen.

Promotion, Marketing und Verkauf von Kochbüchern im Selbstverlag können sehr unterhaltsam sein. Sie können öffentliche Kochvorführungen veranstalten und kostenlose Suppenproben verteilen.

Der Markt für Kochbücher war schon immer phänomenal. Wenn Sie schon immer davon geträumt haben, Ihre Rezepte zu veröffentlichen, ist dies ein hervorragender Anreiz, die Veröffentlichung in einem Kochbuch zu erwägen.

KAPITEL 1: WIE SIE IHR KOCHBUCH SCHREIBEN UND VERÖFFENTLICHEN.

Haben Sie einzigartige und ungewöhnliche Rezeptideen, die Sie gerne gegen Bezahlung anbieten möchten? Das Schreiben eines Kochbuchs kann eine hervorragende Methode sein, um in der Küchenbranche Geld zu verdienen, ohne jeden Tag kochen zu müssen.

Sie haben Optionen.

Es gibt mehrere Möglichkeiten, mit der Erstellung eines Kochbuchs Geld zu verdienen. Sie können nicht nur ein gebundenes oder broschiertes Kochbuch erstellen, sondern auch eine einfache, kostengünstige Download-Rezeptquelle. Sie können auch (werbefinanzierte oder mitgliederfinanzierte)

Rezept-Websites einrichten, auf denen Sie regelmäßig neue Kochideen einreichen und/oder Besucher ihre Beiträge einbringen können.

Da es derzeit so viele Kochbücher und Websites gibt, überlegen Sie sich, wie Sie ein häufiges Problem lösen könnten, das die Menschen mit dem Kochen oder Rezepten haben. Beispiele sind 5-Minuten-Gerichte für Menschen mit wenig Zeit oder Geduld und glutenfreie Gerichte für Menschen, die sich glutenfrei ernähren müssen, aber Abwechslung brauchen.

Was müssen Sie haben?

Als Autor benötigen Sie einen Computer, einen Drucker, einen Internetanschluss und eine grundlegende Büroausstattung (je nach Art des Kochbuchgeschäfts, das Sie eröffnen). Da Sie wahrscheinlich von zu Hause aus arbeiten werden, können Sie vielen Kleinunternehmern die Kosten für ein Büro, Pendelzeit, Personal usw. sowie Diktiersoftware, Software zur Erstellung von E-Books und sogar Kochbuchsoftware ersparen. Einige

Schreibwerkzeuge können helfen, den Schreibprozess zu beschleunigen und Ihre Zeit zu optimieren. Zeitsparende Technologien können besonders nützlich sein, wenn Sie mehrere Bücher schreiben wollen.

Veröffentlichung.

Sie können mit einem Verleger zusammenarbeiten, der Sie bei der Vermarktung Ihres Kochbuchs unterstützt, oder Sie können Ihr Produkt im Selbstverlag herausgeben und die exorbitanten Kosten vermeiden, die mit der Zusammenarbeit mit einem Verleger verbunden sind.

Es gibt viele Internetseiten für das Self-Publishing, von denen viele Hilfe und Anleitung bieten. Die Selbstveröffentlichung eines Buches in gedruckter Form ist eine Möglichkeit, ebenso wie die kostenlose Selbstveröffentlichung von E-Books für Geräte wie das iPhone und den Kindle.

Wenn Sie Ihre Kochbücher veröffentlichen, müssen Sie eine internationale Standardbuchnummer

(ISBN) erwerben. Die ISBN können Sie über die Website beantragen.

Wenn Sie Ihren Buchentwurf bei einem Verlag einreichen, müssen Sie den Umschlag namentlich an den Herausgeber adressieren (nicht nur "Herausgeber"). Book Market ist eine Website, die Ihnen kostenlos eine Liste von über 400 Buchverlagen mit den Namen der Herausgeber zur Verfügung stellt. Es kann Monate dauern, bis Sie von einem Verleger eine Antwort erhalten, also haben Sie Geduld und schicken Sie Ihre Arbeit an mehrere Verlage.

Da Amazon eine bekannte Buchhandlung ist, die Autoren viel Aufmerksamkeit bietet, möchten viele Autoren diese Plattform nutzen, um ihre Bücher zu verkaufen. Es gibt ein Buch mit dem Titel "Sell Your Book on Amazon", wenn Sie daran interessiert sind. Es überrascht nicht, dass es auf Amazon.com erhältlich ist.

Zögern Sie nicht, mit dem Schreiben zu beginnen. Bei so vielen Alternativen ist das Schreiben und Veröffentlichen Ihres Kochbuchs vielleicht einfacher, als Sie denken.

KAPITEL 2: DIE GRUNDZUTATEN DER KOCHBUCHVERÖFFENT LICHUNG.

Dank der weit verbreiteten Verfügbarkeit von kostenlosen Informationen im Internet ist es für jedermann recht einfach, ein Buch zu veröffentlichen. Zweifellos ist ein Kochbuch nicht nur eine der meistverkauften Publikationen, die Sie veröffentlichen können, sondern auch eine der einfachsten und schnellsten. Wenn Sie Ihr Kochbuch erstellen möchten, müssen Sie sich mit der Veröffentlichung vertraut machen.

Die Erstellung einer Liste oder eines Diagramms mit den wichtigsten Schritten, die für die Erstellung Ihres Kochbuchs erforderlich sind, ist ein guter Ansatz für den Anfang. Zum Beispiel;

Schritt 1 - Erstellen Sie im ersten Schritt Ihre Inhalte und Fotos.

Schritt 2 - Lektorat und Korrekturlesen.

Schritt 3: Formatierung, Gestaltung und Layout von Manuskript und Umschlag.

Schritt 4 - Druck.

Schritt 5 - Veröffentlichung und Vermarktung.

Je mehr dieser Schritte Sie auslagern, desto mehr Geld kostet Sie der Prozess, was sich schnell summieren kann, wenn Sie sich nicht sicher sind, welche Richtung Sie einschlagen sollen. Meine persönliche Erfahrung hat mich gelehrt, dass die Bezahlung einer Aufgabe keine Garantie dafür ist, dass sie auch richtig ausgeführt wird.

Ich hatte viele Probleme mit dem Unternehmen, das ich mit der Formatierung meiner Arbeit beauftragt hatte, und ich wünschte, ich hätte jemanden gehabt, der mich beraten hätte, welche

Formatierungsdienste ich in Anspruch nehmen sollte und welche nicht; es war eine teure Lektion, die ich lernen musste.

Vor allem aus diesem Grund ist es besser, empfohlene Verlagsdienste zu nutzen. Autorenclubs und Online-Foren sind gute Anlaufstellen, um vertrauenswürdige Vorschläge für Verlagsdienste zu erhalten.

Die Grundzutaten und Erfolgsstrategien.

Sie sind bereit, sich auf das aufregendste Unterfangen Ihres Lebens einzulassen - die Veröffentlichung des Kochbuchs. Sie werden bald feststellen, dass die Herstellung eines Kochbuchs ein wunderbar vergnügliches, aufregendes und schwieriges Unterfangen ist - mehr, als Sie ahnen können. Sie können ein enorm populäres Kochbuch veröffentlichen, ähnlich dem meinen, und wenn Sie mich fragen, ob die Herstellung eines Kochbuchs die Zeit und den Aufwand wert ist, würde ich sagen: Ja. Und ob ich das tue!

Warum Zeit in der Küche "verschwenden"? Das ist der Titel meines Kochbuchs. Ich habe über 250.000 Exemplare verkauft, von denen weniger als zehn Prozent über den Buchhandel abgesetzt wurden. Ich habe jedoch viel Zeit damit vergeudet, meine Schritte zurückzuverfolgen und mich zu beeilen, um all diese Kochbücher zu verkaufen, da mir zunächst ein umfassendes Verständnis der Verlagsbranche und des Prozesses der Vermarktung eines Kochbuchs fehlte.

Bevor Sie sich den Kopf darüber zerbrechen, wie Sie ein Kochbuch schreiben und, was noch wichtiger ist, wie Sie ein Kochbuch veröffentlichen können, sollten Sie recherchieren, warum und worüber Sie schreiben, für welches Publikum Sie schreiben und wann der ideale Zeitpunkt für die Veröffentlichung des Buches ist.

Unabhängig davon, ob Sie Ihr Kochbuch im Verlag oder im Selbstverlag veröffentlichen wollen, müssen Sie die Verlagsbranche genau kennen. Wie wollen Sie ohne ein grundlegendes Verständnis wissen, ob Ihre Verträge in Ordnung sind, ob Ihr

Marketingplan für Ihr Kochbuch eine wirksame Strategie ist und ob Ihr Buch das Beste ist, was es sein kann?

Wissen ist Macht. Sie müssen sich ausreichend Zeit nehmen, um sich über den Verlagssektor zu informieren.

Ein Verständnis des Verlagswesens und des Buchmarketings wird Ihnen dabei helfen, herauszufinden, warum Sie ein Kochbuch schreiben. Vielleicht schreiben Sie ein Kochbuch, um Familiengeheimnisse festzuhalten oder um eine Sammlung Ihrer Lieblingsrezepte zusammenzustellen; vielleicht schreiben Sie ein Kochbuch für eine Gemeinde oder eine kirchliche Einrichtung; oder vor allem wollen Sie einen Bestseller schreiben.

Da Sie bereits wissen, wie viele Kochbücher verkauft werden und wer sie kaufen wird, ist ein Geschäfts- und Marketingplan für Kochbücher, die sich an ein kleines Publikum richten, nicht erforderlich.

Wenn Sie jedoch beabsichtigen, Ihr Kochbuch für ein breites Publikum zu veröffentlichen, müssen Sie erkennen, dass Sie die Rolle des Autors hinter sich gelassen haben und in die des Verlegers gewechselt sind. Sie sind nun eine Geschäftsperson, deren Hauptziel darin besteht, ein Produkt für den Verkauf herzustellen. Es hat keinen Sinn, ein Buch zu veröffentlichen, das sich nicht verkaufen lässt.

Ich habe fälschlicherweise geglaubt, dass das Schreiben meines Kochbuchs zwei oder drei Monate dauern würde und dass es in kürzester Zeit in den Regalen aller Buchhandlungen des Landes stehen würde. Ha, ha, ha, kichern, glucksen. Erfahrung ist ein wunderbarer Lehrer, aber wer sagt, dass man auf die harte Tour lernen muss?

Ursprünglich hatte ich keine Ahnung, wie man ein Kochbuch veröffentlicht. Mit diesem Aufsatz und dem von meinen Kollegen und mir entwickelten Kurs zur Veröffentlichung eines Kochbuchs hoffe ich jedoch, Sie davor zu bewahren, Geld und Zeit zu verschwenden.

Wie habe ich ein so beliebtes Kochbuch geschrieben?

Die kurze Antwort lautet: Forschung, Forschung, Forschung und nochmals Forschung. Ich war so vernünftig, vor der Veröffentlichung eine Studie durchzuführen. Die Recherche kann jedoch Jahre dauern und hat auch Jahre gedauert. Nachdem ich gelernt hatte, wie man ein Kochbuch schreibt, musste ich mich mit dem Veröffentlichungsprozess vertraut machen.

KAPITEL 3: WIE SIE MIT DER WERBUNG FÜR IHR KOCHBUCH BEGINNEN.

Dies ist Ihr erstes Kochbuch mit göttlichen Rezepten und schönen Bildern, und Sie freuen sich schon auf die großen Tantiemenschecks.

Wie sieht Ihr Plan für die Vermarktung dieses Buches aus?

Welche Schritte unternehmen Sie, um den Verkauf anzukurbeln?

Neue Autoren glauben oft, dass der Verlag die gesamte Öffentlichkeitsarbeit übernimmt. Das stimmt nicht. Als Autor haben Sie den größten Verlust. Daher ist es in Ihrem Interesse, Ihr Kochbuch aktiv zu bewerben und zu verkaufen.

Die meisten Nachforschungen können Sie während der Vorbereitung und des Schreibens Ihres Buches anstellen. Besuchen Sie Buchläden und sehen Sie sich die verfügbaren Kochbücher an. Betrachten Sie die verschiedenen Arten von Kochbüchern und ihre Autoren. Stellen Sie fest, welche Bücher Ihre unmittelbaren Konkurrenten sind. Entwickeln Sie Strategien, um sich abzuheben.

Nehmen Sie vor der Veröffentlichung Ihres Buches Kontakt zu Zeitschriftenredakteuren, Ezine-Verlegern und Website-Betreibern auf, nachdem es an den Verlag geschickt wurde. Erkundigen Sie sich, ob sie Ihr Buch rezensieren werden, und warten Sie freundlich auf eine Antwort, bevor Sie die Versandkosten übernehmen.

Schreiben Sie Artikel oder Auszüge aus Ihrem Kochbuch für Publikationen, die Ihre Zielgruppe ansprechen.

Fragen Sie Ihre Lokalzeitung nach Rezensionen und Interviews. Bieten Sie sich als Thema für einen

Artikel an, indem Sie einen Reporter anrufen und um ein Interview bitten.

Erstellen Sie eine Website mit Ihrem Namen oder dem Titel Ihres Buches als Domain. Nehmen Sie alle veröffentlichten Rezensionen, Artikel und Zeitungsartikel, die über Ihr Buch geschrieben wurden, und verlinken Sie sie oder machen Sie Auszüge daraus. Sie können auch Zitate aus Rezensionen in Ihre Pressemitteilungen aufnehmen.

Sobald Ihr Buch erschienen ist, nehmen Sie Kontakt zu Buchhandlungen auf, in die Sie zu reisen bereit sind, und bieten Sie an, eine Signierstunde, eine Kochvorführung oder eine Lesung abzuhalten. Geben Sie nicht auf. Rufen Sie weiterhin an, bereiten Sie sich vor und machen Sie Werbung. Bringen Sie Werbegeschenke zu Signierstunden mit. Auf Lesezeichen, Rezeptkarten und Notizblöcken sollten Ihr Name, Ihre Website und Ihr Buchcover gut sichtbar angebracht sein.

Beschränken Sie sich nicht auf Buchläden. Erkundigen Sie sich bei Küchenartikelläden und

Gourmetläden, die Ihr Kochbuch führen und vielleicht sogar bereit sind, am Samstag eine Kochvorführung anzubieten.

Bitten Sie alle Ihre Freunde und Bekannten, Ihr Buch bekannt zu machen, indem sie sich in Diskussionsforen zum Thema Essen eintragen, Signierstunden in ihren örtlichen Buchhandlungen organisieren und Buchbesprechungen schreiben.

Setzen Sie sich mit Fernseh- und Radiosendern in Verbindung, um herauszufinden, ob sie auf der Suche nach aufbauenden Nachrichten sind oder ob Sie in einer ihrer Sendungen auftreten können.

Dessertkochbücher werden häufig mit Feiertagen wie Thanksgiving, Valentinstag, Weihnachten und Geburtstagen in Verbindung gebracht. Ein neues Kochbuch zu haben oder ein lokal veröffentlichter Autor zu sein, ist zwar berichtenswert, aber wie können Sie Ihre Marketingbemühungen über einen längeren Zeitraum aufrechterhalten? Finden Sie einen Weg, Ihre Rezepte mit bestimmten Ereignissen zu verknüpfen.

Kochbücher über gesunde Ernährung sind ideal für den Januar-Frühling (Vorbereitung auf die Sommerkleidung) und unmittelbar nach einer neuen medizinischen Studie über die Gefahren von Zucker, Fett, Fleisch, Weizenallergien und Junk Food.

Schicken Sie Ankündigungen über Ihr Fachwissen, wenn Sie möchten, dass lokale, regionale und nationale Nachrichtenagenturen weiterhin über Sie berichten. Weisen Sie auf Ihre Erfahrungen im Bereich Lebensmittelwissenschaft und Ernährung hin, um Ihre Attraktivität als Experte zu erhöhen.

Spenden Sie Ihr Kochbuch als Preis oder für eine Wohltätigkeitsauktion. Nicht nur der glückliche Gewinner wird erfahren, wer Sie sind, sondern auch alle anderen Leser, Zuhörer und Zuschauer in den Wochen vor dem Wettbewerb oder der Auktion.

Beharrlichkeit ist der Schlüssel zur Werbung für Ihr Kochbuch. Probieren Sie alles aus, was in der vorangegangenen Liste steht, und wiederholen Sie den Vorgang. Die effektive Vermarktung Ihres

Kochbuchs ist vergleichbar mit dem Bau eines Schneeballs. Sie beginnen mit ein paar einzigartigen Ideen, fügen jeden Tag oder jede Woche weitere hinzu, und ehe Sie sich versehen, haben Sie einen Schneeball, der Sie und Ihr Kochbuch in die Welt trägt.

KAPITEL 4: WARUM HABEN SIE IHR REZEPTBUCH GESCHRIEBEN?

Die Antwort ist entscheidend; sie ist Ihre Motivation (Ihr Ziel oder Ihre Leidenschaft). Jeder Autor hat unterschiedliche Beweggründe für das Schreiben. Manche Autoren wollen einfach nur unterhalten, während andere sich gezwungen fühlen, Erinnerungen an eine Zeit und einen Ort festzuhalten, die ihnen am Herzen liegen. Einige möchten das Verhalten anderer ändern (indem sie den Leser über Gesundheit, Religion oder Politik belehren).

Ein Buch kann ein unverzichtbares Instrument für eine Karriere als Berater oder öffentlicher Redner sein. Es könnte ein lebenslanges Bedürfnis offenbaren, Gedichte zu schreiben oder eine Science-Fiction-Serie zu produzieren.

Manche Menschen nutzen den Prozess des unabhängigen (Selbst-)Publizierens als Markttest in der Hoffnung, die Aufmerksamkeit eines Filmproduzenten zu erregen oder den Akquisitionsredakteur eines großen Verlags zu beeindrucken. Ihre Gründe können dringlich sein, oder sie haben den langfristigen Horizont, eine romantische Trilogie oder eine Reihe von Thrillern auf den Weg zu bringen.

Manche Autoren geben offen zu, dass sie nach Ruhm und Geld streben, andere wiederum schätzen ihre Privatsphäre und ihre Zeit zu sehr, um sich in gleichem Maße auf Werbeaktivitäten einzulassen. Keine der Begründungen ist besser als die anderen.

PLANUNG DES MARKETING-MIX.

Wenn Sie einen klaren Marketingplan haben, sind Sie den meisten Autoren von Eigenwerbung und vielen Fachleuten der Branche weit voraus, weil Sie einen klaren Überblick haben und sich auf die Aspekte konzentrieren können, die Sie hervorheben wollen. Wichtig ist, dass Sie entschieden haben, was Sie nicht tun wollen, und dass Sie mit dieser Entscheidung zufrieden sind.

Hier ein schmackhaftes Beispiel dafür, wie man einen erfolgreichen Marketing-Mix erstellt.

DER KÖSTLICHE GESCHMACK DES MARKETINGERFOLGS!

1981 wollten zwei Frauen aus dem ländlichen Ontario, Marilyn Wearring und Joan Bidinosti, ein Produkt entwerfen und vermarkten, "das bestmögliche Buch". Wir führten eine umfassende Studie durch und wägten unsere Optionen sorgfältig ab", riet Joan mir. "Wir wollten ein Buch schaffen, das uns gefällt. Wir wollten stolz darauf sein und hofften, dass es auch anderen gefallen würde. Geldverdienen war kein Thema."

Sie setzten sich über die üblichen Denkweisen in der Verlagsbranche hinweg und schrieben ein Buch über Muffins. Muffins: A Cookbook (ISBN 0969134509) hatte keine Bilder (auch das ist ein

Tabu) und kein Hardcover. Stattdessen produzierten sie ein kompaktes, tragbares Buch mit Spuleneinband.

Jedes Rezept wurde gründlich getestet, es gab nur ein Rezept pro Seite, und die Seitenzahl wurde in großer Schrift an prominenter Stelle angegeben. Die Anleitungen waren nummeriert und einfach beschrieben. Temperatur und Backzeit wurden zuerst angegeben.

Die Backhinweise waren auf einem bunten Blatt Papier in der Mitte des Buches abgedruckt; dies half den Köchinnen und Köchen, sich zurechtzufinden, indem sie sich merken konnten, ob ihr Lieblingsgericht vor oder nach der Mitte lag. Susan, die Tochter von Joan, zeichnete witzige Illustrationen für den Einband und das Innere.

Sie kannten den optimalen Geschenkpreis von 4,95 $ und fanden eine Druckerei, die ihr Budget einhalten konnte. Tausend Exemplare wurden gedruckt, einige Briefe wurden an die lokalen Medien geschrieben, und die beiden Autorinnen brachten die ersten Exemplare in einen Geschenkeladen und eine Buchhandlung.

Marilyn verkaufte Exemplare ihres Buches an ihre Freundinnen beim Sportkurs und auf der Curlingbahn, die dann weitere Exemplare für ihre Bekannten kauften. Innerhalb einer Woche strahlte das lokale Fernsehen einen kurzen Beitrag aus, woraufhin die Zeitung einen Artikel auf der Titelseite veröffentlichte.

Von diesem Zeitpunkt an befanden sich die beiden Autoren in den Fängen eines Tigers. In den folgenden zehn Jahren verkauften sie über 200.000 Exemplare von Muffins: A Cookbook und 60.000 Exemplare von Salads: A Cookbook, dem Nachfolger, verkauft.

Rückblickend kann sich Joan an eine ganze Reihe effektiver Marketingkampagnen erinnern. Die Autorinnen haben Hunderte von persönlichen Verkaufsgesprächen in Kaufhäusern, Buchhandlungen, Geschenkeläden und auf Fachmessen geführt und dabei immer wieder leckere

Kostproben verteilt und große Mengen an Büchern verkauft.

Joan ist der Meinung, dass das Buch durch Mund-zu-Mund-Propaganda von Freunden verkauft wurde, denen jeder Aspekt gefiel. Wir bekamen nette Briefe mit unseren Bestellungen per Post. Auf der letzten Seite des Buches befand sich ein Zettel mit einer Adresse für den Bezug zusätzlicher Exemplare, mit einem Rabatt für Bestellungen von fünf und mehr.

Welchen Marketing-Mix setzten Joan und Marilyn ein?

Sie hatten ein definiertes Ziel, das sie dazu veranlasste, ein äußerst hilfreiches und sympathisches Produkt zu einem optimalen Preis herzustellen, oft gegen den Rat von Experten. Mit dieser soliden Grundlage waren alle Werbeaktionen erfolgreich.

Joan kommentiert ihre Vorrecherche mit den Worten: "Auf harte Arbeit folgt Glück". Diese Autoren konnten außergewöhnliche Ergebnisse erzielen, indem sie den Komponenten Zweck, Produkt und

Preisgestaltung ihres Marketing-Mix große Aufmerksamkeit schenkten.

KAPITEL 5: WIE SIE IHR REZEPTBUCH DURCH TREUETRANSFER BEWERBEN KÖNNEN.

Unser John Locke des 21. Jahrhunderts, nicht der britische Philosoph, ist der Geschäftsmann, der sich in einen Romancier verwandelt hat, der in nur fünf Monaten eine Million selbstveröffentlichte Bücher auf Amazons Kindle verkauft hat - ein Weltrekord!

Wie hat er das geschafft?

In seinem Buch (erhältlich bei Amazon, "How I Sold 1 Million eBooks in 5 Months!") beschreibt er seine Erfahrungen sehr detailliert. Seine Marketingstrategie besteht aus zwei Worten und Handlungen: "Loyalitätstransfer".

Dies wird erreicht durch: (1) Sie sich an eine prominente Persönlichkeit des öffentlichen Lebens binden - jemanden, den Sie tatsächlich mögen und respektieren - und (2) in Ihrem Blog enthusiastisch über diese Person schreiben.

Das war's. Ja, er besteht darauf, dass das alles ist, und empfiehlt, dass Ihr Inhalt nicht zu lang ist. Niemand hat Zeit für langatmige Dissertationen; 500 Wörter sollten ausreichen. Schreiben Sie auf Ihre eigene Art und Weise. Bleiben Sie so nah an der "Stimme" Ihres Buches wie möglich und schildern Sie Ihre Gefühle so eindringlich wie möglich. Sie wollen diesen "Loyalitätstransfer" in Gang setzen.

Vergessen Sie nicht, einige Details über sich selbst einzufügen. Das ist wichtig, denn Sie möchten, dass andere wissen, was für ein Mensch Sie sind. Sie möchten, dass man Sie als den größten Fan des "Stars" wahrnimmt, den Sie ehren.

Dass du zu "ihnen" gehörst. Oder, wie Locke es ausdrückt: "OOU", was für "Einer von uns" steht.

Es ist wichtig, dieses schöne, angenehme Gefühl der Teilnahme und des Teilens zu wecken und zu entwickeln.

Stellen Sie dann sicher, dass Sie am Ende Ihres Beitrags einen Link einfügen, der direkt zu Ihrem Buch führt. Nicht etwa ein Link irgendwo auf Ihrer Blogseite. Nein, er muss in der Nähe des Endes des Beitrags platziert werden, so dass er leicht angeklickt werden kann.

Damit sind Sie aber noch nicht ganz fertig. Jetzt müssen Sie herausfinden, wo sich alle Anhänger der oben genannten Berühmtheit versammeln und sie sofort ansprechen.

Twitter ist dafür das einfachste Medium. Sie tweeten also, wie toll der besagte Prominente ist, und teilen ihm mit, dass Sie gerade einen Blogbeitrag über ihn geschrieben haben. Diesen Tweet senden Sie am ersten Tag an einhundert Follower, am nächsten Tag an hundert weitere usw., bis Sie das Ende der Liste erreicht haben. Bitte beachten Sie: Dies ist keine allgemeine Aussage, die im Twitterland untergeht.

Nein, hier geht es um eine gezielte Botschaft an bestimmte Personen mit gemeinsamen Interessen.

Als freundlicher Mensch, der sich mit der Internet-Etikette auskennt, überwachen Sie dann die Retweets und danken den Retweetern für ihren Retweet. Beobachten Sie in der Zwischenzeit Ihre Umsätze und beobachten Sie, wie sie in die Höhe schnellen! Jetzt haben Sie Freunde gefunden und können sich erkundigen, wie ihnen Ihr Buch gefällt.

All dies funktioniert besser, wenn Sie Ihren Blog-Artikel mindestens einen Monat lang ruhen lassen: So lange muss Ihre Twitter-Kampagne laufen, und Sie dürfen nicht zu viele Blogeinträge haben, denn das würde Ihre Leser verwirren!

John Locke verfasst in der Tat etwa zwölf Beiträge pro Jahr. Ja, Sie haben richtig gelesen: ein Beitrag alle vier Wochen und nicht, wie bei normalen Bloggern üblich, zwei pro Woche.

John Locke behauptet, dass seine Umsätze, die viele Monate lang stagniert hatten, explodierten, als er dieses Blogdesign einführte. Seine Beiträge erhalten vergleichsweise wenige Kommentare, was eine weitere Anomalie ist (nicht mehr als ein Dutzend oder so). Er vermutet, dass dies daran liegt, dass die Leute auf den Buchlink klicken und das Buch kaufen, anstatt eine Bemerkung zu hinterlassen.

Er schätzt, dass er etwa 100.000 "Stamm"-Bewunderer hat, die mindestens eines seiner Bücher gekauft haben und für ihn bürgen. Sie sind bereit, alle seine Romane und jedes neu veröffentlichte Buch zu kaufen.

Sie alle sind seine geschätzten OOUs ("one of us", richtig). Sie sind seine Freunde und haben sich von Twitter auf E-Mail-Korrespondenz verlegt. Sie kommunizieren mit ihm. Sie alle haben ein doppeltes Gefühl der Loyalität: gegenüber der Berühmtheit, über die John Locke in seinem Blog schrieb, und gegenüber John Locke selbst. Daher das Phänomen, das er als "Loyalitätstransfer" bezeichnet: Ihre Loyalität ist vom Star auf ihn übergegangen.

Clever, finden Sie nicht auch? Er betont, dass er niemanden "manipuliert". Er wehrt sich vehement gegen diese Behauptung. Er glaubt, dass er wirklich so über die oben erwähnte Berühmtheit denkt. Ich kann nur sagen, dass man ihm glauben muss, denn in seinem Fall hat es funktioniert.

Angenommen, Sie haben ein Kochbuch oder ein Weinverzeichnis erstellt und wollen Leute finden, die Käse oder Wein mögen. Das ist also das Thema Ihres Blogs, das sich leicht mit anderen teilen lässt, die Käse und Wein mögen. Sobald Ihr Blogbeitrag veröffentlicht ist, suchen Sie auf Twitter nach diesen Personen. Dabei muss es sich nicht um einen bestimmten Prominenten handeln, es kann jeder sein.

Und wie? Twellow, das mit Twitter verknüpft ist, enthält Verzeichnisse von Twitter-Nutzern, die nach über 1300 Kategorien geordnet sind, so dass Sie immer die gesuchte Person finden können. Um die Nachricht über Ihre unmittelbare Fangemeinde hinaus zu verbreiten, müssen Sie den Schlüsselwörtern #-Hashtags voranstellen.

Sie können sich auch die täglichen Trends zunutze machen, die Twitter ankündigt, und Ihre Stimme zu diesem Trend beisteuern, um sicherzustellen, dass Sie weit mehr Menschen als nur Ihre Follower erreichen.

Das Ziel ist es, Ihr Publikum direkt anzusprechen und zum Ausdruck zu bringen, dass Sie seine Gefühle teilen. Allerdings gibt es immer ein Aber. Es bedeutet auch, dass Sie Ihr Publikum verstehen müssen. Sie müssen sich darüber im Klaren sein, für wen Ihr Buch bestimmt ist. John Locke hatte keine Zweifel daran, wer seine Romane lesen würde; er war sich dessen sicher.

KAPITEL 6: WIE KOCHBUCHAUTOREN EINEN FANTASTISCHEN KOCHBEITRAG FÜR DAS FERNSEHEN ERSTELLEN KÖNNEN.

Kochbuchautoren haben einen Vorteil gegenüber normalen Autoren, denn sie können Fernsehauftritte nutzen, um den Buchverkauf anzukurbeln. Eine der effizientesten Marketingstrategien für Kochbücher, um diese zusätzliche Aufmerksamkeit zu erlangen, besteht darin, ihr Können zu zeigen, indem sie ihre Rezepte und Fähigkeiten in einer Kochsendung im Fernsehen demonstrieren.

Bei einer Live-Kochvorführung im Studio kann eine Menge schief gehen. Im Folgenden finden Sie einige Vorschläge, wie Sie sicherstellen können, dass Ihr kulinarischer Beitrag hervorragend wird.

Bestimmen Sie zuallererst, wie viel Zeit Sie zur Verfügung haben. Es besteht ein erheblicher Unterschied zwischen einem 2 12-minütigen und einem 3 12-minütigen Abschnitt. Ich empfehle, einen 2,5-Minuten-Beitrag einzuplanen.

Stellen Sie eine Kamera in Ihrer Küche auf, damit Sie Ihren Kochvorgang auf Video aufnehmen und die Zeit messen können. Überlegen Sie, was Sie in diesem Zeitrahmen schaffen können, und bereiten Sie sich entsprechend vor. Rechnen Sie mit Unterbrechungen und bereiten Sie sich darauf vor, sie zu bewältigen.

Sprechen Sie während des Beitrages nicht zu viel. Ihr Gastgeber und das Publikum erwarten, dass Sie zeigen, wie man ein bestimmtes Gericht zubereitet. Sprechen Sie also nicht zu laut.

Denken Sie daran, dass Sie drei Parteien zufrieden stellen müssen: den Produzenten, das

Publikum und sich selbst. Die Produzenten sind auf der Suche nach fesselndem/interessantem Fernsehen; Sie sind dafür verantwortlich, dass sie fantastisch aussehen.

Das Publikum möchte Wissen erlangen.

Was ist ihre Schlussfolgerung?

Welche Schritte werden Sie unternehmen, um ihr Leben zu verbessern?

Eines Ihrer Ziele ist es, die Besucher auf Ihre Website zu leiten. Bieten Sie in Ihrem Restaurant ein kostenloses Produkt an, z. B. ein Gericht oder eine Vorspeise. Verwenden Sie die E-Mail-Adresse derjenigen, die sich für den Gratisartikel registriert haben, für künftige Marketingmaßnahmen.

Es ist wichtig, dass Sie sich im Voraus über die Möglichkeiten der Studioküche informieren. Manche Studioküchen sehen im Fernsehen ansprechend aus, aber der Herd ist vielleicht gar nicht angeschlossen. Bringen Sie eine gekochte Version Ihrer Speisen mit, die vorher vorgeführt werden kann, und eine zweite Version für die Vorführung.

Es ist in der Regel ratsam, zusätzliche Proben für das Personal mitzunehmen. Ich habe noch nie erlebt, dass sie Lebensmittel ablehnen! Gerichte für den Außenbereich, wie z. B. Grillen, eignen sich besonders gut für den Sommer, weil die Zuschauer in dieser Jahreszeit genau das tun. Ein Tailgate-Segment ist perfekt für den Herbst.

Hier ein paar hilfreiche Tipps für einen erfolgreichen Kochbeitrag:

- Die Kamera liebt brutzelnde, blubbernde und flammende Speisen. Berücksichtigen Sie dies bei der Auswahl des Gerichts, das Sie zubereiten wollen. Kann Ihr Gericht innerhalb des Zeitlimits gekocht und serviert werden? Falls erforderlich, kochen Sie das Gericht zur Hälfte vor, um das Zeitlimit einzuhalten.
- Informieren Sie den Produzenten einige Tage vor den Dreharbeiten über eventuelle Werbegrafiken.

- Erstellen Sie eine Packliste mit allen Geräten, die für das Kochen außer Haus benötigt werden. Überprüfen Sie Ihre Packliste zweimal und packen Sie effizient. Seien Sie 45 Minuten vor Beginn der Sendung im Studio. Bringen Sie einen Wagen mit, um Ihre Ausrüstung und Ihr Material vom Auto ins Studio zu transportieren.
- Die Kamera liebt Farben, also bringen Sie bitte einige helle Gegenstände und einen festlichen Tischschmuck mit.
- Vergewissern Sie sich bei der Ankunft am Kochplatz, dass alle Brenner in Betrieb sind.
- Seien Sie 15 Minuten vor der Ausstrahlung bereit. Stellen Sie sich vor den Küchentisch und prüfen Sie, was von der Kamera erfasst werden soll. Ist das Tischtuch richtig ausgerichtet? Befinden sich alle Zutatenetiketten auf der Außenseite? Stehen die Zutaten im richtigen Verhältnis zueinander?
- Legen Sie dem Gastgeber eine Liste mit Fragevorschlägen vor. Dies hilft dem Gastgeber, sich zu konzentrieren, beim Thema

zu bleiben und zu verhindern, dass Sie Anrufe erhalten.

- Verwenden Sie immer den richtigen Namen des Gastgebers. Lächeln Sie und stellen Sie direkten Augenkontakt her.
- Folgen Sie dem Gesprächsfluss. Manche Moderatoren stellen irrelevante oder ablenkende Fragen, daher sollten Sie auf diese Möglichkeit vorbereitet sein.

Setzen Sie einen qualifizierten Medientrainer für Ihr Kochsegment ein.

- Ich empfehle vielen meiner Kunden, einen professionellen Medientrainer zu engagieren, der sie auf ihren bevorstehenden Radio- oder Fernsehauftritt vorbereitet.
- Erwarten Sie nicht, dass das Studio Ihnen einen Stylisten zur Seite stellt. Sie müssen die erforderlichen Vorkehrungen treffen, um sicherzustellen, dass Sie so schön aussehen wie Sie sind und dass Ihr Beitrag von Anfang bis Ende hervorragend ist.

- Bringen Sie alle Zutaten, Kochutensilien und eine fertige Version Ihrer Küche mit. Erwarten Sie nicht, dass Sie das Essen während der Sendung zubereiten.
- Bringen Sie zusätzliche vorbereitete Speisen für die Mitarbeiter mit. Der kürzeste Weg zu ihrer Zuneigung führt über ihre Bäuche. Wenn sie sich entschließen, Sie wieder zu engagieren, werden sich die Kosten für Ihr Material lohnen.
- Planen Sie den gesamten Abschnitt von A bis Z, um dem Produzenten die Arbeit zu erleichtern. So wird er Sie lieben und Sie wieder buchen.
- Nicht alles dreht sich um das Essen. Seien Sie lustig. Zeigen Sie Ihre Individualität.
- Geben Sie eine Kopie des Rezepts und teilen Sie mit, dass es auf der Website des Senders veröffentlicht werden kann.

Fragen Sie einige Tage im Voraus, ob sie eine Grafik mit der Aufschrift "Weitere Informationen" für das untere Drittel des Bildschirms erstellen können, die Ihre Website-URL enthält, damit die Zuschauer Sie nach der Präsentation finden können. Das ist zwar eine gängige Praxis, aber sie könnten es vergessen, wenn Sie sie nicht daran erinnern.

Bieten Sie auf Ihren Websites etwas Kostenloses an, z. B. Ihre fünf meistgefragten kalorienarmen Rezepte oder eine Buchprobe KAPITEL. Sie müssen in der Lage sein, aus dem Wert Ihres Geschenks Kapital zu schlagen.

Sie können nur so viel im Voraus vorbereiten; bestimmte Aufgaben müssen im Studio erledigt werden. Achten Sie darauf, dass das Gemüse und das Fleisch frisch sind und appetitlich aussehen. Kombinieren Sie sie mit vorher abgemessenen Gewürzen in klaren Glasschalen.

Mit HD-Kameras können die Zuschauer alles sehen, von Fingernägeln, die eine Maniküre benötigen, bis hin zu Wasserflecken auf Ihren Gläsern. Was in Ihrer Küche in Ordnung ist, kommt im Fernsehen vielleicht nicht so gut rüber, also achten Sie immer auf Ihr Aussehen.

Hunderte neuer Gäste, Buchverkäufe und Rezeptdownloads werden das Ergebnis eines fantastischen kulinarischen Beitrags sein. Mit der richtigen Planung, Vorbereitung und Anstrengung ist alles möglich. Wenn Sie einen erfahrenen Medientrainer und Marketingexperten engagieren und Ihre Demo immer wieder üben, ist Ihr Erfolg garantiert.

Wilde Kochsendungen im Fernsehen!

Wenn Sie zu Unterhaltungszwecken sehen möchten, wie ein Mangel an Planung zu einem Unglück führen kann, sollten Sie sich dieses Video ansehen, das ich entdeckt habe. Das erste Problem tritt auf, weil der Koch nicht vorausgesehen hat, dass Kathie Lee und Hoda sich in einem hohen Maß ablenkend unterhalten würden, während er versuchte, Mahlzeiten zuzubereiten. Er hatte keinen Plan, wie er mit dieser Ablenkung umgehen sollte.

Fantastisches Essen und ein großartiger kulinarischer Beitrag im Fernsehen sind nicht das Ergebnis eines Zufalls; es kommt auf die Vorbereitung an. Auch wenn Sie kein Kochbuch haben, aber in Ihrer Arbeit Bezüge zu Lebensmitteln herstellen oder sich mit dem Thema Essen befassen, sollten Sie einen Beitrag über Essen im Fernsehen in Betracht ziehen. Viel Erfolg!

KAPITEL 7: ERSTELLEN SIE IHR REZEPTBUCH ZUM VERGNÜGEN ODER AUS PROFITGRÜNDEN?

Die Zusammenstellung all der köstlichen Familienrezepte, die über Generationen weitergegeben wurden, kann eine angenehme Leistung sein.

Die Erstellung eines Kochbuchs ist aus verschiedenen Gründen wünschenswert.

1. Weitergabe eines Teils des Familienerbes an künftige Generationen.

2. Ihren frisch verheirateten Kindern einen Vorgeschmack auf die Hausmannskost geben

3. Ihren Kindern im College-Alter beibringen, wie man unabhängig ist und die Küche zubereitet, mit der sie aufgewachsen sind.

4. Als Geschenk für die Familie und enge Freunde.

5. Teilen Sie Ihr kulinarisches Wissen und Ihre Spezialitäten mit anderen (und stellen Sie sie zur Schau).

6. Profitabel!

Die ersten vier Gründe haben einen sentimentalen und emotionalen Hintergrund. Der Wunsch, sich mit seinen Liebsten zu teilen.

Der fünfte und sechste Grund sind komplexer. Der Humor und die Emotionen treten (sozusagen) in den Hintergrund.

Diese Gründe erfordern Nachforschungen und Vorbereitungen, die bei den vorangegangenen vier Gründen nicht nötig waren, um die notwendigen

Schritte für die Veröffentlichung Ihres Werks einzuleiten.

Diese erfordern, dass Sie:

- Überlegen Sie, wie viel Aufmerksamkeit Ihr Buch erhalten soll.

- Legen Sie fest, ob Sie Ihr Werk im Selbstverlag veröffentlichen und bewerben wollen.

- Finden Sie Verlage, bei denen Sie Buchvorschläge einreichen können.

Informieren Sie sich über den Verhaltenskodex der Verleger: Bewirbt er Ihre Marke in Ihrem Namen? Sind die Abrechnungsverfahren vertrauenswürdig? Wenn Ihnen ein Vertrag angeboten wird, gibt es Empfehlungen von früheren Autoren?

Können Sie problemlos mit ihnen kommunizieren, oder sind sie schwer zu erreichen?

Ihr Verleger/Herausgeber sollte Lösungen für die vielen Fragen neuer Autoren anbieten.

Erwägen Sie Print on Demand (POD).

Erwägen Sie ein digitales Format, z. B. ein ebook, als Alternative zur herkömmlichen Druckausgabe.

Erwägen Sie Marketingtechniken wie Blogs, eine Website, Werbespots, Öffentlichkeitsarbeit, Vorträge, Kochvorführungen, Interviews und Signierstunden auf Reisen.

Erstellen Sie ein tragfähiges Budget und überwachen Sie alle Ausgaben. Ihr netter Zeitvertreib wird zu einem Geschäft, wenn er veröffentlicht wird.

Vor der Veröffentlichung sind mehrere Faktoren zu berücksichtigen.

Wenn Sie schon immer wollten, dass Ihr Kochbuch veröffentlicht wird, dann tun Sie es! Sehnsucht, Entschlossenheit und ein dickes Fell haben einen großen Einfluss auf den Abschluss einer

Arbeit. Lassen Sie sich von anfänglichen Ablehnungen, schwindender Unterstützung und Umformulierungswünschen von Redakteuren nicht den Mut rauben. Machen Sie sich jedoch mit jedem Verfahrensbereich vertraut, bevor Sie einen Schritt tun und etwas unterschreiben (z. B. einen Vertrag).

Lesen, recherchieren und lernen Sie viel, bevor Sie veröffentlichen. Je mehr Sie wissen, desto fundierter werden Ihre Entscheidungen sein.

KAPITEL 8: WIE SIE IHR REZEPTBUCH AUF FACEBOOK BEWERBEN KÖNNEN.

Facebook ermöglicht es Autoren, interessierte Follower zu gewinnen, die sie bereits kennen, wenn ihr nächstes Buch veröffentlicht wird. Das bedeutet, dass Sie sofort eine Facebook-Seite einrichten sollten, auch wenn Ihr Buch noch nicht erschienen ist oder Sie noch schreiben. Los geht's!

Erstellen Sie eine Seite und geben Sie in den Bereichen "Über" und "Sonstiges" Informationen über sich und Ihr Buch an. Achten Sie auf einen freundlichen, aber professionellen Umgangston. Suchen Sie dann auf Facebook nach Vorschlägen, wie Sie Ihre Seite ansprechender gestalten können. Erstellen Sie ein aussagekräftiges Foto, das Ihr Buch oder dessen Thema bewirbt, anstatt ein allgemeines Naturmotiv als Titelbild zu wählen.

Untersuchen Sie die Möglichkeiten, einzigartige Facebook-Tabs zu erstellen, um Ihren Newsletter zu bewerben, Leute zu Ihrem Blog oder Pinterest-Konto zu leiten und es den Followern zu ermöglichen, Aufzeichnungen von Workshop-Präsentationen anzuschauen, um nur einige Beispiele zu nennen. Im Hilfebereich von Facebook finden Sie Anleitungen zur Erstellung von benutzerdefinierten Registerkarten, oder Sie können gegen eine geringe Gebühr einen Freiberufler mit der Gestaltung einer benutzerdefinierten Registerkarte beauftragen.

Aufgrund des Facebook-Algorithmus werden Sie nicht mehr in den Newsfeeds Ihrer Follower angezeigt, wenn diese Ihre Beiträge nicht regelmäßig mögen oder kommentieren. Verfolgen Sie, welche Ihrer Beiträge das meiste Engagement erhalten. Im Allgemeinen erhalten Beiträge mit Bildern mehr Aufmerksamkeit, daher sollten Sie nach Möglichkeit ein entsprechendes Bild einbinden.

Cross-Promotion: Fügen Sie einen Link zu Ihrer Website ein, um Besucher zu ermutigen, Blogs und Websites mit nützlichen Informationen auf Ihrer Facebook-Seite zu bewerben. Fragen Sie Ihre Facebook-Follower, welche zusätzlichen Inhalte sie auf Ihrer Website sehen möchten, und nutzen Sie ihr Feedback, um weitere hilfreiche Inhalte zu entwickeln. Vielleicht schlagen Ihre Follower sogar das Thema oder die Handlung für Ihr nächstes Buch vor.

Beseitigen Sie doppelte Beiträge in den sozialen Netzwerken. Bedenken Sie, wie mühsam es für Menschen ist, die Ihnen auf vielen Plattformen folgen, wenn Sie einen automatisierten Dienst nutzen, um denselben Inhalt auf Facebook, Twitter und anderen Websites zu posten.

Diese Personen werden wahrscheinlich aufhören, Ihnen auf einer oder mehreren Websites zu folgen, wenn sie ständig dieselben Informationen finden. Sie werden jedoch mehr Werbemöglichkeiten bei diesen Followern haben, wenn Sie genügend

Abwechslung bieten, um die Leute zu überzeugen, Ihnen auf vielen Plattformen zu folgen.

Selbst wenn Sie nur eine Reihe von Standbildern mit einem Voiceover verwenden, sollten Sie Videos erstellen und veröffentlichen. Die meisten Follower werden durch eine Vielfalt von Beiträgen angesprochen, da für jeden etwas dabei ist. Veröffentlichen Sie Texte, Bilder, Videos und Links zu verschiedenen Bereichen, die für die Zielgruppe Ihres Buches von Interesse sind.

Variieren Sie die Themen Ihrer Beiträge. Wenn Sie ein Kochbuch veröffentlicht haben, können Sie Tipps für die Planung von Festen und Feiertagen geben. Wenn Sie einen Roman oder eine Biografie geschrieben haben, wählen Sie eine Figur des Monats und erzählen Sie Details über sie.

Nehmen Sie sich zwei oder drei Minuten Zeit, um ein Gespräch zwischen Ihnen und einem anderen Autor bei einer anstehenden Signierstunde aufzunehmen. Wenn Ihr Buch davon handelt, wie man ein CEO wird, Sie aber als Hobby Pullover für

Ihren Hund stricken, fügen Sie ein paar Bilder ein, auf denen Ihr Haustier seine neueste Kreation trägt.

Veranstalten Sie ein Gewinnspiel. Bieten Sie einen Geschenkgutschein oder ein signiertes Exemplar Ihres Buches für den Gewinner eines Preisausschreibens an, bei dem es darum geht, eine Figur zu benennen oder Bilder Ihres Buches an besonderen Orten zu posten.

Folgen Sie anderen Autoren; sie liefern Ihnen hervorragende Ideen dafür, was Sie auf Ihrer Facebook-Seite tun können und sollten.

Seien Sie geduldig bei der Entwicklung Ihrer Facebook-Seite; Buchverkäufe werden nicht sofort eintreten. Engagieren Sie sich dafür, eine Beziehung zu Ihren Anhängern zu pflegen, was schließlich zu höheren Verkaufszahlen führen wird!

KAPITEL 9: WIE MAN EINE MARKETINGSTRATEGIE FÜR EIN BUCH ENTWICKELT.

Ich bin mir sicher, dass Sie nicht allzu sehr erschrocken sind, wenn Sie erfahren, dass Ihre Arbeit als Autor im Selbstverlag nicht endet, wenn die Druckerpresse anläuft. Die wichtigste Arbeit, die Sie leisten müssen, damit sich Ihr Buch verkauft, fängt JETZT an (wenn nicht sogar schon etwas früher).

Wie oft haben Sie andere Autoren, die ihr Buch im Selbstverlag veröffentlichen, über ihre geringen Verkaufszahlen klagen hören? Zu oft, da bin ich mir sicher, und zu oft hätten eine ausgezeichnete Organisation und ein intelligenter Ansatz diese Geschichten ändern können.

Ein solider und vernünftiger Marketingplan für Ihr Buch ist genauso wichtig wie das Schreiben, die Gestaltung und die Veröffentlichung selbst. Ihr Buch kann noch so schön sein, es wird sich nicht von selbst verkaufen, und es ist sehr unwahrscheinlich, dass ein neuer Autor (und selbst viele erfahrene Autoren) Ihr Buch ohne Hilfe aus den Regalen der Buchhandlungen nehmen kann. Denken Sie daran, dass Ihr Buch in den meisten Buchhandlungen etwa 8.000 Konkurrenten hat!

Ihre Marketingstrategie sollte die Einnahmequellen aufzeigen, die Sie anstreben. In diesem Dokument sollten Sie erläutern, wie Sie Ihre Einkommens- oder Verkaufsziele erreichen wollen, und den Markt beschreiben, den Sie sich vorstellen, und wie Sie Ihre Verkaufsziele erreichen wollen.

Erstellung eines Marketingplans.

Sie alle wissen, dass sich ein Buch nicht von selbst verkauft, richtig? Richtig? Jedes Buch braucht einen Marketingplan, der Erwartungen und erreichbare Ziele festlegt, die auf organisierte Weise angegangen werden können. Erstaunlicherweise erkennen viele Autoren dies erst, wenn es zu spät ist, und sind daher mit ihren Verkaufsergebnissen unzufrieden.

Doch wie können Sie eine Marketingstrategie für Ihr Buch entwickeln? Es gibt eine Fülle von kostenloser und kostenpflichtiger Software, die Sie bei der Erstellung eines Marketingplans für den Verkauf Ihres Buches unterstützt. Bevor Sie jedoch Zeit und Geld für die Installation von Software ausgeben, öffnen Sie Ihr Textverarbeitungsprogramm Ihres Vertrauens und folgen Sie mir.

Wer wird das Buch kaufen?

Der Schlüssel zur Steigerung des Verkaufserfolgs liegt darin, Ihr Marketing so genau wie möglich auf Ihren potenziellen Leser auszurichten, der auch erreichbar sein muss.

Jeder wird meinen Roman lesen wollen! Leider funktioniert das nicht. Selbst die absoluten Bestseller, von denen jährlich zwei bis drei Millionen Exemplare verkauft werden, erreichen kaum drei Prozent der lesenden Bevölkerung. Entscheidend für den Verkaufserfolg Ihres Buches ist, dass Sie ein glasklares Bild davon haben, wer sich für Ihr Buch interessiert.

Sie müssen unterscheidbar sein: Machen Sie eine Liste!

Für welche Gruppen könnte Ihr Buch interessant sein?

Warum sollten die Leser Ihr Buch wollen oder brauchen? (Denken Sie daran, dass Menschen eher etwas kaufen, das sie BRAUCHEN, als etwas, das sie WOLLEN).

Wie definieren Sie den Erfolg Ihres Buches?

Was ist Ihr Auftrag?

Manche Autoren schreiben für ihre Familie; sie wollen nicht, dass ihre Romane zu Bestsellern werden. Manche Autoren schreiben, weil sie einen ganz bestimmten Wunsch haben, ihre Geschichte zu erzählen.

Jeder Autor ist einzigartig, also müssen Sie Ihre Definition von Erfolg festlegen. Manche haben eine ganz bestimmte Sichtweise auf sehr spezielle Themen. Viele streben danach, dass ihr Buch auf der Titelseite von Borders oder Barnes & Noble erscheint. Wir möchten nicht ein Ziel verfolgen, das nicht mit Ihren wirklichen Prioritäten übereinstimmt.

Marketing und Werbung ist ein langfristiges, hartnäckiges und bewusstes Unterfangen; es geht nie schnell, auch wenn manche das glauben mögen.

Erstellen Sie einen realistischen Zeit- und Kostenplan.

Jeder hat nur begrenzte Ressourcen an Zeit, Energie und Geld. Marketing kann leicht alle drei aufbrauchen und Sie allein, erschöpft und verarmt zurücklassen. Das Ziel ist es, sich selbst und seine Ressourcen so einzuteilen, dass das Vorhaben vorankommt.

Ohne einen Blick auf das "große Ganze" wüssten die meisten von uns nicht, wie viel ihrer wertvollen Ressourcen für die einzelnen Bereiche der Spielorganisation eingesetzt werden sollten, und die Festlegung von Prioritäten ist der wichtigste Aspekt des Prozesses. Sie werden wahrscheinlich Elemente Ihres Plans überarbeiten und neu schreiben.

KAPITEL 10: ENTWICKLUNG EINER WERBEKAMPAGNE FÜR BÜCHER.

Öffentlichkeitsarbeit ist der schwer fassbare Faktor, der über Erfolg oder Misserfolg eines Buches entscheiden kann. Die meisten Autoren (und auch viele alte Hasen) müssen erst lernen, wie sie für sich und ihre Bücher werben können.

Bei der Werbung geht es darum, Ihr Konzept (und sich selbst) zu verkaufen. Bei dem Wort "Verkaufen" denkt man jedoch in der Regel an Telefonverkäufer, in Polyester gekleidete Gebrauchtwagenverkäufer und aggressive Verkaufstaktiken, die Ihr Zielpublikum nur verprellen.

Bei echter "Verkaufskunst" geht es darum, eine tiefe Verbindung zu Ihrem Zielleser oder Rezensenten aufzubauen, indem Sie ihm einzigartige, relevante und zufriedenstellende Informationen über Ihr Buch liefern. Es geht darum, eine gegenseitige Beziehung aufzubauen, auf die Sie oft zurückkommen können. Es geht darum, den Eindruck zu erwecken, dass Sie ein EXPERTE auf dem Gebiet Ihres Buches sind.

Gute PR ist auch häufige und kontinuierliche Öffentlichkeitsarbeit; es gibt keinen Erfolg, der sich über Nacht einstellt. Denken Sie daran, dass Sie nie wissen, wer zuhört oder liest - es könnte jemand sein, der Ihnen weitere und bessere Möglichkeiten eröffnet.

Im Folgenden finden Sie einige Strategien, mit denen Sie eine enge Beziehung zu den Redakteuren und Reportern aufbauen können, die Ihrem Buch die für den Erfolg notwendige langfristige Aufmerksamkeit verschaffen können:

1) Es geht AUSSCHLIESSLICH um Ihre Zielgruppe und nur wenig um Sie: Vielleicht sind Sie klug, aber dem Redakteur geht es nur um sein

Publikum. Wenn Sie arrogant oder überheblich wirken, wird sich der Redakteur oder Reporter mit Sicherheit von Ihnen abwenden.

Dies ist der Punkt, an dem "pauschale" Pressemitteilungen, die an Tausende von Quellen verteilt werden, scheitern; sie konzentrieren sich oft auf den Autor, und wenn Sie nicht bereits eine bekannte Marke sind, raten Sie mal, was? Niemand interessiert sich dafür.

Sie MÜSSEN Ihre Pressemitteilung auf die Zielgruppe zuschneiden, und sie muss originell sein. Konzentrieren Sie sich auf die Vorteile, die Sie Ihrer Zielgruppe bieten können. Überlegen Sie, für welche Publikation oder welches Programm Sie sich bewerben; was bieten sie ihrem Publikum, und trägt Ihr Buch zu ihren Zielen bei?

Ihr Pitch sollte NICHT wie eine Werbung für Ihr Buch klingen; wenn er gut passt und nützliche Informationen enthält, wird er das Interesse an Ihrem Buch wecken.

Dieser Abschnitt soll Redakteuren, Reportern und dem Publikum zeigen, dass Sie ein Experte für Ihr Thema sind und dass Ihr Buch eine Fülle von wertvollem Wissen enthält, indem Sie einige dieser Informationen präsentieren, anstatt nur zu behaupten, dass Sie ein Experte sind.

2) Konzentrieren Sie sich auf Ihr Thema: Wissen Sie, dass Reporter und Redakteure einen großen Bedarf an Informationen haben, aber beachten Sie auch, dass einer der schnellsten Wege, abgelehnt zu werden, darin besteht, die falsche Person anzusprechen - Sie verschwenden dann Ihre Zeit (und verärgern wahrscheinlich den Redakteur oder Reporter).

Sobald Sie die ideale Person gefunden haben, erkundigen Sie sich nach deren Wünschen. Stellen Sie Ihr Konzept nur vor, wenn es passt. Respektieren Sie die Zeit des Ansprechpartners, denn in der Medienbranche arbeiten alle unter unvorstellbar engen Zeitvorgaben. Fragen Sie, ob die Person einen Abgabetermin hat und wenn ja, ob Sie zu einem günstigeren Zeitpunkt noch einmal anrufen können.

Seien Sie prägnant, freundlich und direkt; kommen Sie schnell auf den Punkt. Das Publikum wird letztendlich mehr Informationen wünschen als der Reporter oder Redakteur, aber Sie sollten in der Lage sein, Ihr Buch in 30 Sekunden oder weniger für den Rezensenten zusammenzufassen. "Sprechen Sie weniger, hören Sie mehr zu" - überlassen Sie dem Redakteur oder Reporter die Gesprächsführung, sobald Sie seine Aufmerksamkeit haben. Sie werden genaue Anforderungen und Nachfragen haben; hören Sie also auf zu reden und geben Sie detaillierte Antworten.

3) Wenden Sie sich an Zeitungen und Medien ALLER Art und Weise: Scheuen Sie sich nicht, die "großen Jungs" anzusprechen, und ignorieren Sie nicht die kleineren Unternehmen. Jedes Medienmitglied muss sich aktiv um neue und originelle Inhalte für seine Sendungen, Zeitschriften und Zeitungen bemühen.

Die größten Medienunternehmen sind ständig auf der Suche nach einem unbekannten Beitrag. Das gilt auch für diejenigen, die täglich Lücken füllen müssen. Sie sind immer auf der Suche nach jemandem, der Wissen über spannende und interessante Themen und Trends bietet.

Kleinere Zeitschriften und Medienseiten haben oft ein sehr gezieltes und einflussreiches Publikum; man weiß nie, wer ihre Inhalte liest oder hört. Außerdem können die kleineren Zeitschriften als "Tor" zu den größeren dienen.

Fast jede Verlagsgröße ist es wert, dass Sie sich um Ihre Werbung bemühen. Ihre Chancen, in kleineren Publikationen veröffentlicht zu werden, sind in der Regel größer als in größeren, also setzen Sie Ihre Zeit und Energie entsprechend ein.

4) Behandeln Sie Ihre Kontakte stets mit Respekt und Höflichkeit: Ja, Sie sind sehr beschäftigt, vielleicht sogar noch mehr als der Publizist oder Produzent, den Sie kontaktieren wollen, aber Sie brauchen deren Hilfe. Wenn Sie anerkennen, dass diese Personen sehr beschäftigt sind, können Sie sich darauf konzentrieren, ihnen Ihre Unterlagen

umgehend zukommen zu lassen. Reichen Sie niemals Unterlagen für eine Rezension oder ein Interview zu spät ein.

5) Machen Sie sich bewusst, dass Werbung kein einmaliges Unterfangen ist: Es geht um eine langfristige und anhaltende Produktwahrnehmung. Laut einer Marketingstudie muss ein Käufer Ihren Namen etwa sieben Mal sehen, bevor er sich an ihn erinnert. Versuchen Sie, Ihre Interviews und Bewertungen etwas zu strecken - Häufigkeit und Konsistenz sind entscheidend.

Selbst die erfolgreichsten Produktlinien der Welt (man denke nur an Nike und McDonald's) geben jährlich Millionen von Dollar für Initiativen zur Produktbekanntmachung aus. Selten ist jemand "über Nacht erfolgreich"; selbst die bekanntesten Autoren haben Jahre damit verbracht, ihren Ruf zu kultivieren.

Befolgen Sie bei der Durchführung von PR-Kampagnen diese fünf Schritte, und Ihr Erfolg wird weitaus größer sein als der derjenigen, die diese

Grundlagen entweder ignoriert oder nie verstanden haben.

KAPITEL 11: WIE SIE DIE BERICHTERSTATTUNG ÜBER IHR REZEPTBUCH AUFRECHTERHALTEN KÖNNEN.

Verlage sind bereit, Sachbücher zu vermarkten, wenn sie veröffentlicht werden, tun aber nach der Veröffentlichung nur selten etwas, um sie in den Nachrichten zu halten, obwohl die meisten Sachbücher kontinuierliche Medienaufmerksamkeit benötigen.

Im Folgenden finden Sie einige einfache Methoden, um kontinuierliche Werbung für Ihren Titel zu machen. Nutzen Sie eine Kombination dieser Strategien, um einen 12-monatigen Werbeplan zu erstellen, der Ihrem Buch die nötige Unterstützung gibt.

Setzen Sie die KAPITEL-Empfehlungen in ein monatliches Hinweisblatt um. Ein Empfehlungsblatt kann als eine Pressemitteilung definiert werden, die aufgezählte oder nummerierte Vorschläge oder Ratschläge enthält.

Beginnen Sie Ihr Merkblatt mit einer Einleitung, in der Sie die Bedeutung Ihrer Empfehlungen beschreiben, listen Sie dann Ihre Ratschläge auf und schließen Sie mit einem Schlussabsatz. Schicken Sie es an die relevanten Medien; die Liste der Empfänger hängt von Ihrem Thema ab.

Wenden Sie sich schnell an die Medien, um Ihre berufliche Perspektive mitzuteilen, wenn Ihr Thema für Schlagzeilen sorgt. Die meisten lokalen Medien werden darüber berichten, wenn es sich um eine nationale Nachricht handelt und Sie einen regionalen Aspekt einbringen. Wenn Sie genügend Interviews geführt haben, um sich auf den großen

Auftritt vorzubereiten, sollten Sie sich auch an nationale Medien wenden.

Nehmen Sie die Medien in die Verteilerliste für Ihren Newsletter auf. Die gleichen hilfreichen Ratschläge oder Informationen, die Sie den Abonnenten Ihres gedruckten oder elektronischen Newsletters geben, könnten auch für Reporter interessant sein, die über dasselbe Thema berichten. Vor vielen Jahren habe ich einen Buchvertrag erhalten, weil ich die Medien in den Verteiler meines Newsletters aufgenommen hatte.

Nutzen Sie den Inhalt Ihres Buches für Artikel in Fachzeitschriften mit Namensnennung. Achten Sie darauf, dass der Titel Ihres Buches in der Autorennennung nach dem Artikel erwähnt wird. Je nach den Bedingungen Ihres Verlagsvertrags müssen Sie den Inhalt möglicherweise umschreiben, damit er "frisch" ist.

Nutzen Sie besondere Monate und Feiertage, Wochen und Tage, indem Sie eine Pressemitteilung mit relevanten, berichtenswerten Informationen verschicken oder sich an die Medien wenden, um Ihre Dienste als maßgebliche Informationsquelle anzubieten.

Beispielsweise veröffentlichen viele Tageszeitungen im Dezember Artikel, in denen beschrieben wird, dass die Feiertage für Menschen, die einen Verlust erlitten haben oder sich dem Jahrestag eines Verlustes nähern, besonders hart sind. Dies verschafft dem Autor eines Buches über Trauer und Verlust viele Interviewmöglichkeiten von Küste zu Küste, aber nur, wenn der Autor die Presse aufsucht.

Wenden Sie sich an den Leiter der Öffentlichkeitsarbeit Ihres Branchenverbands, um sich selbst für Medieninterviews anzubieten. Schriftsteller wenden sich oft an die PR-Fachleute der Verbände, um nach Mitgliedern mit bestimmten Fähigkeiten zu suchen. Stellen Sie sicher, dass Ihr Verband Ihre Referenzen und die Bereiche, in denen Sie sich äußern können, kennt, und Sie werden Referenzanrufe erhalten.

Führen Sie eine aussagekräftige, berichtenswerte Umfrage zu Ihrem Thema durch und geben Sie die Ergebnisse in einer interessanten Pressemitteilung bekannt. Der Autor eines Kochbuchs, das das Kochen einfach und unkompliziert machen soll, kann z. B. eine Umfrage darüber durchführen, warum die Menschen nicht mehr kochen, und die Ergebnisse in einer Pressemitteilung an die Lebensmittelredakteure von Zeitungen und Kochzeitschriften weitergeben. Geben Sie in der Pressemitteilung den Bezug Ihres Buches zum Thema der Umfrage an.

Ich habe einen "Worst Gift from a Man Contest" veranstaltet, um mein humorvolles Buch über Männer zu bewerben. Veranstalten Sie einen Wettbewerb, um Aufmerksamkeit zu erregen, und geben Sie die Ergebnisse in einer Pressemitteilung bekannt. Die daraus resultierende Pressemitteilung sorgte für ein breites Medienecho, einschließlich eines Urlaubsauftritts in einer nationalen Kabelfernseh-Chat-Sendung.

Weisen Sie den Pressesprecher Ihres Verlags an, ProfNet kontinuierlich auf Journalistenanfragen zu Ihrem Thema zu beobachten. Alternativ können Sie ProfNet auch über den PR-Leads-Vertriebspartner abonnieren und auf entsprechende Anfragen reagieren. Ein PRLeads.com-Abonnement kostet $99 pro Monat.

Beobachten Sie Autorenforen auf Anfragen nach Quellen. Mitglieder stellen regelmäßig Anfragen für Interviewquellen in Zeitschriften und Zeitungsforen.

Informieren Sie die Medien darüber, wann Sie in ihrem Markt sein werden. Wenn Sie sich also aus irgendeinem Grund in einer anderen Stadt aufhalten, sollten Sie sich zwei Wochen im Voraus mit den zuständigen Medienvertretern in Verbindung setzen, um ihnen Artikelideen vorzuschlagen, die auf einem persönlichen Interview mit Ihnen aufbauen können. Versenden Sie viele Wochen im Voraus eine Pressemitteilung und bieten Sie an, vor der Veranstaltung ein Telefoninterview zu führen, wenn Sie in der Stadt sind, um einen Vortrag zu halten.

Stellen Sie Ihre besten Ratschläge in einer kostenlosen Broschüre zusammen. Verfassen und verbreiten Sie eine Pressemitteilung, in der die Broschüre beschrieben wird und wie man ein kostenloses Exemplar erhalten kann; stellen Sie sicher, dass sowohl die Broschüre als auch die Pressemitteilung Informationen über Ihr Buch enthalten.

Kontinuierliche Öffentlichkeitsarbeit ist zwar mühsam, aber keine Raketenwissenschaft. Investieren Sie Zeit, um Ihre Einnahmen zu steigern und zu Ihrer Autorenplattform beizutragen. Am Ende des Jahres werden Sie die Früchte ernten.

KAPITEL 12: ORGANISATION VON AUTORENVERANSTALTUNGEN UND SIGNIERSTUNDEN, UM DIE BEKANNTHEIT DES BUCHES ZU STEIGERN.

Wir alle haben uns schon einmal mit dem Gedanken beschäftigt, dass unsere Bücher für die Leser von entscheidender Bedeutung sind und dass unsere Brillanz sofort ersichtlich ist, ohne dass wir Werbung oder Eigenwerbung benötigen. Das gilt für einige der berühmtesten Autoren, aber die Verlage geben immer noch Millionen von Dollar aus, um die Werke selbst der besten Autoren zu fördern.

Die Anerkennung Ihres Buches als hochwertiges Werk und der daraus resultierende

Verkauf einiger Exemplare hängt VOLLSTÄNDIG davon ab, dass Sie als Autor und Ihr Buch bekannt gemacht werden.

Eine der harten Realitäten des Self-Publishing ist, dass Autoren mühsam einen Markt für ihre Bücher aufbauen müssen, obwohl sie nicht über die millionenschweren Budgets der traditionellen Verlage verfügen.

Autorenveranstaltungen sind die wichtigste Möglichkeit für Autoren im Selbstverlag, mit der Öffentlichkeit in Kontakt zu treten, und können Ihre Eintrittskarte zu höheren Verkaufszahlen und größerer Bekanntheit sein - und das alles dank Ihrer örtlichen Buchhandlung. Dieses KAPITEL soll Ihnen als Einführung in die Planung und Organisation erfolgreicher Autorenveranstaltungen und Signierstunden dienen.

Befolgen Sie die unten aufgeführten Methoden, um effektivere (und angenehmere) Veranstaltungen zu planen, mehr Bücher zu verkaufen und mit mehr Lesern als je zuvor in Kontakt zu treten.

1. Durchführung von Recherchen zu den Zielorten.

Denken Sie daran, dass der beste Ort für den Verkauf von Büchern manchmal (ja, meistens) KEINE Buchhandlung ist. Bastelvolumen?

Was ist mit Handwerks- und Stoffläden?

Wie wäre es mit einem Feinkostladen in der Nähe?

Sind es Finanz- oder Wirtschaftsbücher?

Gibt es irgendwelche bevorstehenden lokalen Seminare, die Sie "huckepack" nehmen könnten?

Oder mögen Sie historische Romane?

Wie wäre es mit den Veranstaltungen Ihres örtlichen Geschichtsvereins?

Jede Buchhandlung ist aufgrund ihres einzigartigen Schwerpunkts, ihrer Kunden und ihres

"Ambientes" erfolgreich. Diese Merkmale werden durch den Standort des Geschäfts, die Ausrichtung des Bestands, die Persönlichkeit der Geschäftsleitung und ihres Teams sowie den Stil und die Umgebung des Geschäfts definiert und bestimmen die Produkte, die in diesem Geschäft verkauft werden.

Achten Sie darauf, dass all diese Elemente IHR Thema und Ihr Buch fördern. Ein Geschäft, das sich an Kinder richtet, wäre beispielsweise nicht der beste Ort, um für Ihr neuestes Buch über Anlagestrategien zu werben.

Beginnen Sie lokal, bevor Sie global expandieren. Sie werden dort am erfolgreichsten sein, wo Sie die besten Chancen haben, wahrgenommen zu werden.

Jeder Standort, den Sie entdecken, bietet einzigartige Präsentationsmöglichkeiten und Anforderungen. Vergewissern Sie sich, dass Sie wissen, wo im Geschäft Autorenveranstaltungen stattfinden und welcher Platz für Ihre Präsentation zur Verfügung steht.

Finden Sie heraus, wer für die Planung von Autorenveranstaltungen zuständig ist, und lernen Sie ihn kennen; tragen Sie sich in die Mailingliste für Veranstaltungen ein, um zu erfahren, was das Unternehmen seinen Kunden regelmäßig anbietet. Fragen Sie sie, was sie sich von einem Autor wünschen. Gleichen Sie ihre Anforderungen und Wünsche mit Ihrem Angebot ab und vermeiden Sie es, die Zeit des anderen zu verschwenden, indem Sie Ihr Buch in die Umgebung des Unternehmens pressen.

2. Beantragen Sie eine Veranstaltung mit höchster Professionalität.

Es ist fast schon komisch, wie viele Autoren meinen, sie hätten eine königliche Behandlung verdient, nur weil sie schreiben. Sie sind von den Geschäftsführern viel mehr abhängig als diese von Ihnen. Behalten Sie die Selbstbeherrschung und fragen Sie sie, ob Sie Ihre Idee für eine Autorenveranstaltung vorstellen dürfen, und bitten Sie sie um ihr FEEDBACK.

Wenn sie an Ihrem Erfolg interessiert sind, werden sie viel eher bereit sein, Sie in ihrem Geschäft zu haben. Das bedeutet nicht, dass Sie sie zwingen sollten, Ihre Aufgaben zu erfüllen, aber Sie sollten ihre Erfahrung und ihr Fachwissen nutzen, um den Erfolg Ihrer Veranstaltung zu gewährleisten (sie kennen ihre Kunden wahrscheinlich besser als Sie selbst.).

Stellen Sie eine professionelle Pressemappe zusammen, die eine Pressemitteilung, Rezensionen, Artikel zum Thema, die das Buch unterstützen (sowohl Ihre eigenen als auch solche aus anderen Quellen), einen Ausdruck Ihres Covers, ein Poster, Postkarten, ein Autorenprofil, ein Autorenfoto, Marketinginformationen und einen Kalender mit künftigen Veranstaltungen enthält.

Schicken Sie dieses riesige Paket mit Leckereien an die zuständige Person in dem Geschäft; Sie sollten den Namen dieser Person während der Recherche erfahren haben. Schicken Sie keine Pressemappe an eine allgemeine Adresse; ich verspreche Ihnen, dass es besser gewesen wäre, überhaupt nichts zu schicken.

3 - Förderung der Besucherzahlen (und des Buchverkaufs)

Wie bereits erwähnt, besteht der Zweck einer Autorenveranstaltung darin, Bücher zu verkaufen und die Besucherzahlen einer Buchhandlung zu erhöhen. Autorenveranstaltungen dienen nur einem einzigen Zweck für den Laden: mehr Kunden anzulocken und sie zum Geldausgeben zu bewegen. Es gibt keinen öffentlichen Nutzen. Informieren Sie den Geschäftsführer und den Organisator der Veranstaltung darüber, was Sie tun können, um Kunden in den Laden zu locken.

Es gibt eine Fülle von Möglichkeiten, wie Sie das Geschäft dabei unterstützen können, die Besucherzahl Ihrer Veranstaltung zu erhöhen:

- Stellen Sie dem Geschäft eine Mailingliste zur Verfügung, an die es seinen Newsletter mit der Ankündigung Ihrer Veranstaltung schicken kann.

- Bieten Sie an, Informationen über Ihre Unterzeichnung per Post/E-Mail an IHRE Liste zu senden oder Materialien bereitzustellen, die sie an IHRE Liste senden können (Sie möchten vielleicht nicht, dass Sie vollständigen Zugang zu ihrer Kundenliste erhalten, da dies gegen einige Datenschutz-/Spam-Bestimmungen verstoßen könnte).

4 - Schicken Sie eine Pressemitteilung über Ihre Veranstaltung an lokale Zeitungen, Radiosender usw., um die Medien zur Berichterstattung anzuregen. Fragen Sie den Geschäftsleiter, welche Werbung er bevorzugt und welche für sein Geschäft am besten geeignet ist.

- Wenden Sie sich eine Woche vor der Veranstaltung an die örtliche Zeitung und bitten Sie sie, einen Redakteur oder Kameramann zu schicken, der über die Veranstaltung berichtet.

Das Ziel ist es, sich abzustimmen und zusammenzuarbeiten; wenn Sie Ihre Bemühungen mit dem Geschäft kombinieren, werden Sie mehr als doppelt so viel erreichen.

5 - Erstellen Sie eine fesselnde Performance oder Präsentation, die auf jedes von Ihnen besuchte Geschäft zugeschnitten ist.

Es reicht nicht aus, sich an einen Tisch zu setzen und zu hoffen, dass Ihre Unterschrift Interesse weckt und Bücher verkauft. In der heutigen multimedialen, multimodalen und multimedialen Welt ist es unwahrscheinlich, dass ein Gespräch mit potenziellen Lesern auf Interesse stößt.

Bitten Sie nicht nur um eine Signierstunde, sondern überlegen Sie, was Sie sonst noch tun könnten, um Kunden in Ihr Geschäft zu locken.

Gibt es eine Verbindung, die Sie nutzen können, um das Interesse an Ihrem Buch zu wecken?

Welche aktuellen Ereignisse machen Ihren Roman zeitgemäß?

Besitzen Sie ein Kochbuch. Seien Sie äußerst erfinderisch; denken Sie über den Tellerrand hinaus. Bringen Sie zubereitete Speisen mit und demonstrieren Sie, wie man eines Ihrer Gerichte zubereitet; haben Sie ein belletristisches Werk?

Verkleiden Sie sich als eine Figur und führen Sie eine Lesung durch oder spielen Sie eine Szene nach; halten Sie ein "Seminar" ab; bieten Sie Ratschläge an; tun Sie alles, was nötig ist, um NEUE Kunden in den Laden zu locken. Es reicht nicht aus, nur aus den vorhandenen Besuchern Kapital zu schlagen; dadurch wird der Ladenbesitzer nicht mehr in Ihren Erfolg investiert, und die meisten dieser Kunden sind nicht da, um Ihr Buch zu kaufen.

Denken Sie an die Besonderheiten des Buchhandels.

Ein Anstieg der Buchverkäufe bei Veranstaltungen um 50 bis 75 % kann auf eine verstärkte Öffentlichkeitsarbeit zurückzuführen sein. Vergessen Sie nicht die Kleinigkeiten des Inventars und des Buchverkaufs; denken Sie daran, dass die

Bekanntheit des Autors ebenso wichtig ist wie der Buchverkauf. Denken Sie an das Folgende:

Helfen Sie dem Händler, ein faires Angebot für 10 bis 30 Exemplare zu machen, und stellen Sie sicher, dass sie vor Ihrer Veranstaltung verfügbar sind.

Bieten Sie mehr Exemplare zu einem erheblichen Preisnachlass an - wenn sie direkt bei Ihnen kaufen und die Einsparungen an den Verbraucher weitergeben.

Konsignation sollte als letzter Ausweg betrachtet werden.

Vergewissern Sie sich, dass Sie die Richtlinien des Ladens zur Bevorratung von Autorenveranstaltungen kennen.

➢ Werden sie zusätzliches Inventar für den Werbezeitraum Ihrer Veranstaltung mitbringen?

➢ Behalten sie nach der Veranstaltung noch etwas übrig? (Seien Sie nicht überrascht, wenn sie nur ein paar behalten. Rechnen Sie mit einigen Rückgaben)

➢ Wie lange werden Sie auf Lager gehalten?

➢ Fragen Sie den Geschäftsleiter, ob Sie die restlichen Exemplare des Buches signieren können.

6 - Kombinieren Sie Rückruf- oder Nebenchancen.

Können Sie einen zweiten Auftritt während Ihres Aufenthalts planen? Das ist zwar riskant, aber einen Versuch ist es meist wert. (Werben Sie jedoch nicht während Ihrer aktuellen Veranstaltung für Ihren "zukünftigen Auftritt", denn das könnte die Leute davon abhalten, Ihr Buch zu kaufen). Verfügt das Geschäft über mehrere Standorte, an denen zusätzliche Veranstaltungen stattfinden können?

Lassen Sie sich die Namen Ihrer Teilnehmer geben, indem Sie sie Karten ausfüllen lassen, um

Ihren Newsletter zu erhalten (Sie haben doch einen, oder?).

7 - Post-Event-Follow-up.

- Senden Sie ein Wort der Anerkennung an das Geschäft

- Bitten Sie sie um eine Antwort

- Bieten Sie an, eine weitere Veranstaltung zu planen (auch wenn dies unwahrscheinlich ist) - oder nehmen Sie an einer Veranstaltung teil, die das Geschäft unterstützt oder an der es teilnimmt (eine Gemeindeveranstaltung oder sogar eine andere Autorenveranstaltung)

- Pflegen Sie den Kontakt zu den wichtigsten Mitarbeitern des Ladens, indem Sie sie etwa einmal im Monat besuchen (bevorzugt) oder anrufen/mailen.

- Schicken Sie dem Bezirksleiter der Filiale oder der Unternehmenszentrale ein Dankesschreiben über die Veranstaltung.

Unterschätzen Sie niemals die Wirkung der Anwesenheit eines Autors; die meisten Einzelhändler brauchen Veranstaltungen, die zusätzliche Kunden anziehen können. Versuchen Sie, Termine am Wochenende zu vereinbaren, aber denken Sie daran, dass die Nachtstunden für viele Themen ideal sind. Konzentrieren Sie sich auf das, was die Leute in den Laden lockt, und Sie werden erfolgreicher sein als mit einer Veranstaltung, die nur bestehende Kunden anlockt.

Legen Sie sorgfältig fest, wo Sie Veranstaltungen anbieten wollen, und achten Sie darauf, dass Ihr Angebot (und das Thema Ihres Buches) zu den Anforderungen des Geschäfts passt. Es ist immer einfacher, vor Ort anzufangen und sich dann strahlenförmig auszubreiten; dies erhöht die Wahrscheinlichkeit, dass die Mitarbeiter in den Geschäften aus anderen Quellen von Ihnen gehört haben.

Befolgen Sie diese Schritte, und Sie werden feststellen, dass Sie mehr Veranstaltungen mit größerem Erfolg buchen und durchführen können, was Ihre Nachfrage nach zukünftigen Veranstaltungen erhöht.

Zusammengefasst:

1. Recherchieren, recherchieren und nochmals recherchieren - verbringen Sie Ihre Zeit nicht in Geschäften, die nicht zu Ihnen passen, nur weil sie Sie reinlassen.

2. Entwickeln Sie ein faszinierendes "EVENT" Die Leute werden sich mehr für Sie und Ihr Buch interessieren, wenn Sie sie während Ihrer Präsentation unterhalten oder informieren (das wird auch der Geschäftsleiter tun). Erwarten Sie nicht, dass Sie nur herumsitzen, sich unterhalten und Bücher verkaufen.

3. Seien Sie absolut professionell; geben Sie ihnen alle Informationen, die sie über Sie, Ihr Buch

und die Gründe, warum sie sich für Sie interessieren sollten, benötigen.

4. Sammeln Sie Empfehlungsschreiben und Zusammenfassungen aus allen möglichen Quellen.

5. Zeigen Sie, was Sie für ihr Geschäft tun können. Machen Sie Vorschläge, wie Sie die Besucherzahlen Ihres Unternehmens erhöhen können.

6. Binden Sie Nebenangebote ein.

7. Vernachlässigen Sie nicht die Besonderheiten des Buchverkaufs.

Machen Sie alle glücklich, dass Sie da waren.

Eine unzureichende Checkliste für die Veranstaltungsplanung:

1. Recherchieren Sie und ermitteln Sie die Zielhändler.

2. Entwickeln Sie Werbematerialien.

3. Persönliche oder telefonische Kontaktaufnahme mit den Geschäftsleitern und Zusendung von Informationsmaterial; denken Sie daran, Ihre ISBN bereitzuhalten, da dies der effizienteste Weg ist, um nach Ihrem Produkt zu suchen.

4. Sammeln Sie alle Informationen über das Geschäft auf einem einzigen Blatt, einschließlich der Adresse, der Telefonnummer, des Namens des Geschäftsführers und seines direkten Anschlusses, des Veranstaltungskoordinators (falls es einen gibt) und aller E-Mails, die Sie benötigen, und wenden Sie sich an den Hauptsitz des Unternehmens oder wenn möglich an einen Bezirksleiter.

5. Bereiten Sie Folgendes vor:

a. Zwei Plakate - auf einer stabilen Unterlage befestigt oder aufgeklebt, so dass sie aufrecht stehen - wenn Sie nicht handwerklich begabt sind und dies nicht so professionell wie möglich machen können, gehen Sie in ein Kunsthandwerksgeschäft oder einen Rahmenladen und lassen Sie es von ihnen machen.

b. Postkarten beschreiben Ihr Buch für den Vertrieb.

c. Lesezeichen - ein Lesezeichen sollte in jedes Buch im Laden gelegt werden (und lassen Sie es dort, auch wenn Sie den Laden verlassen)

d. Autorenbiografie mit Foto in einem Plastikrahmen.

e. Eine Staffelei zum Aufhängen eines Ihrer Poster.

6. Bitten Sie das Geschäft, Exemplare Ihres Buches und Lesezeichen an der Kasse bereitzuhalten.

7. Schlagen Sie vor, eine Pressemitteilung herauszugeben oder eine Erklärung zur Signierstunde im Geschäft abzugeben.

8. Bringen Sie Buchstaffeleien mit, um drei oder vier Bücher auszustellen, oder mieten Sie sie im Geschäft.

9. Bleiben Sie nicht hinter Ihrem Tisch im Laden sitzen, sondern mischen Sie sich unter die Leute!

10. Seien Sie fröhlich! Sie sind da, um dem Publikum etwas Einzigartiges mitzuteilen, und das Publikum ist da, um Sie zu unterstützen und Ihre Ideen zu hören. Denken Sie daran, dass sie freiwillig an Ihrer Veranstaltung teilnehmen. Sie haben den Wunsch, dabei zu sein!

11. Legen Sie ein Lesezeichen oder eine Karte in jedes Exemplar Ihres Buches im Laden.

12. Verteilen Sie ein Buch an so viele Personen wie möglich und laden Sie sie ein, es durchzublättern, es an einen Tisch zu bringen und zu lesen oder ihnen sogar Ihren Lieblingsteil zu zeigen. Allein die Tatsache, dass sie das Buch anfassen, wird den Verkauf drastisch steigern.

13. Legen Sie interessante Publikationen (natürlich zu Ihrem Thema) auf Ihren Tisch, um Gespräche anzuregen.

14. Lassen Sie sich von einem Freund oder einem Mitarbeiter des Geschäfts an Ihrem Tisch "in Aktion" fotografieren. Geben Sie diese Fotos zusammen mit einem Dankeschön an das Geschäft weiter (vielleicht können Sie auch vorschlagen, Fotos von Signierstunden im Geschäft auszuhängen).

Nichts kann eine erfolgreiche Buchsignierung garantieren, aber ein Mangel an Vorbereitung schon. Befolgen Sie diese Anweisungen und Vorschläge, und Ihre bevorstehende Veranstaltung wird ein Erfolg sein.

KAPITEL 13: SOLLTEN SIE ERWÄGEN, IHR REZEPTBUCH IM BUCHHANDEL ZU VERKAUFEN?

Wie oft haben Sie davon geträumt, dass ein Leser Ihr Werk in einer "normalen" Buchhandlung entdeckt? Höchstwahrscheinlich die meiste Zeit. Diese Illusion treibt zu viele Autoren in die Ablehnungsschleife zwischen Autor, Agent und Verlag und führt nur selten dazu, dass eine nennenswerte Anzahl von Büchern verkauft wird.

Die harte Realität des Buchhandelsverkaufs ist, dass viel mehr Bücher scheitern als erfolgreich sind, weil sie über den Buchhandel verkauft werden. Bedenken Sie Folgendes:

In vielen Kategorien liegt die Rückgabequote bei 70 %, was bedeutet, dass die Buchhandlungen sieben von zehn gekauften Büchern zurückgeben. Sie, der Autor, tragen die Hauptlast der Rückgaben. Der Verlag kann sich zwar auf andere Veröffentlichungen stützen, aber Ihre Fantasie ist trotzdem enttäuscht worden.

Die Buchhandlungen kaufen nur selten Exemplare für jede einzelne Geschichte und nehmen in der Regel nur Bände mit hohem Marketingbudget auf. Wenn Sie sich keine millionenschwere Marketingkampagne leisten können, ist es unwahrscheinlich, dass Ihr Buch dort ausliegt, wo ein potenzieller Käufer es finden kann (geschweige denn vor dem Geschäft).

Signierstunden von Autoren führen oft zum Verkauf von sieben Büchern - all Ihre Planung, Ihre Zeit und Ihre Anrufe in den Geschäften, um Veranstaltungen zu organisieren, führen zum Verkauf von sieben Büchern.

Buchhandlungen können sich bis zu 90 Tage Zeit nehmen, um für Ihre Bücher zu bezahlen und den Betrag, den sie Ihnen schulden, zu reduzieren, und sie werden oft unverkaufte Bestände innerhalb von 90 Tagen zurückgeben.

Einzelhandelsgeschäfte gewähren in der Regel erhebliche Preisnachlässe (dies gilt in vielen Fällen auch für Online-Händler).

Der typische Einzelhandelskunde ist ein Stöberer und kein gezielter Käufer (die meisten Leser, die wissen, was sie wollen, gehen zu Online-Einzelhandelswebsites). Ein Leser, der ein Buch sucht, könnte ein AUSGEZEICHNETER Kunde sein. Wenn Sie jedoch zwischen all den anderen Büchern in Ihrer Kategorie stehen, hat Ihre Konkurrenz die gleiche Chance, gekauft zu werden wie Sie, und wenn Sie neben einem bekannten Autor stehen, werden die meisten Kunden Ihr Buch zugunsten des bekannten Autors übersehen.

Nachdem Sie nun all diese "wunderbaren" Neuigkeiten gehört haben, hier noch etwas Interessantes:

Mehr als fünfzig Prozent der Bücher im Verlagswesen werden über nicht-buchhändlerische Kanäle verkauft.

Das bedeutet, dass mehr Bücher außerhalb von Buchhandlungen verkauft werden. Ihr Buch wird wahrscheinlich über diese Kanäle den größten Erfolg haben, und der Online-Verkauf, angetrieben durch eine gezielte, erfolgreiche und umfassende Marketingstrategie, wird die Grundlage für den Erfolg Ihres Buches sein.

Wenn das "goldene Ei" des Self-Publishing und der Eigenwerbung vor ihnen liegt, verschwenden Autoren viel Zeit und Geld damit, dem Unwahrscheinlichen nachzujagen. Meiner Meinung nach würde ich meine Bücher überall verkaufen, nur nicht in einer traditionellen Buchhandlung!

Wenn Sie die Instrumente nutzen, die das Internet zu der gewaltigen Kraft gemacht haben, die es heute ist, werden Sie Verkäufe erzielen, die Sie nie für möglich gehalten hätten. Suchmaschinenmarketing, Blogs, Newsletter, E-Mail-Kampagnen, Websites und persönliche Auftritte (ja, der menschliche Kontakt ist beim Buchverkauf immer noch wichtig) sind moderne Instrumente, um hervorragende Buchverkäufe zu erzielen.

KAPITEL 14: VERBESSERUNG DER MARKETINGSTRATEGIE FÜR IHR REZEPTBUCH.

Sie brauchen kein Buch voller Jargon und Schlagworte, um Ihr Buch erfolgreich zu vermarkten, aber Sie brauchen einen Marketingplan. Für die meisten Autoren und sogar für viele große Verlage sind die Ergebnisse eines Marketingplans ziemlich unscheinbar. Es gibt unzählige Möglichkeiten, wie ein Marketingplan schief gehen kann. Im Folgenden beschreibe ich einige der typischsten und wichtigsten davon; vielleicht hilft Ihnen das, sie zu vermeiden!

Häufige Fehler in der Marketingstrategie:

Sie haben Ihr Ziel verfehlt.

Häufig wird der Marketingplan eines Buches so konzipiert, dass er das Ego des Autors, den Ehepartner oder eine vorgefasste Meinung darüber anspricht, was ein "Buchmarketingplan" sein sollte, und nicht den Leser, den Endverbraucher des Buches.

Überlegen Sie, wo Ihre Zielgruppe ihre Zeit verbringt und wie sie wahrscheinlich nach Ihrem Buch suchen wird. Was Sie (oder jemanden, der Ihr Buch bereits kennt) anspricht, muss nicht unbedingt einen Leser ansprechen, der das Buch nicht kennt.

Denken Sie daran, dass Ihre Marketingstrategie nur dann wirksam sein kann, wenn sie die Elemente hervorhebt, die für den Endverbraucher am wichtigsten sind - nicht, wie großartig Sie als Autor sind oder wie toll Ihr Buch ist - konzentrieren Sie sich auf das, von dem Sie wissen, dass Ihr Leser es am meisten braucht.

Verlieren Sie Ihren Fokus.

Wenn das Wort "jeder" irgendwo in Ihrem Marketingplan auftaucht oder Ihnen sogar beim Verfassen des Plans in den Sinn kommt, haben Sie wahrscheinlich Ihren Fokus verloren. Wie bei den meisten Unternehmungen im Leben ist der Versuch, "alles" zu erreichen oder zu sein, ein fast sicheres Rezept für den Misserfolg.

Bei erfolgreichem Marketing geht es vor allem darum, die besonderen Gründe zu verstehen, warum Menschen Ihr Produkt kaufen, und Strategien zu entwickeln, um diejenigen zu erreichen, die am meisten an Ihrer Botschaft interessiert sind.

Die Ausrichtung auf ein spezielles Segment eines Marktes (bekannt als "Nischenmarketing") und die Ausrichtung Ihrer Marketingmaßnahmen ("Pläne" und "Aktionen" vom letzten Monat - erinnern Sie sich?) auf diese Nischensegmente garantiert viel mehr Erfolg als ein breiter, unklarer "Schrotflintenansatz".

Große Unternehmen können Zehntausende von Dollar für ein breit angelegtes, flächendeckendes Marketing ausgeben, weil sie für ihren Erfolg ein großes Geschäftsvolumen benötigen. Höchstwahrscheinlich verfügen Sie nicht über diese Ressourcen und müssen auf intelligente Weise konkurrieren; mit Nischenmarketing können Sie eine starke Marktposition im Vergleich zu Ihren Konkurrenten aufbauen.

hielt Sie für übermenschlich.

Alles für jeden zu tun" ist ein sicherer Weg, um bankrott und erschöpft zu werden. Lassen Sie Ihren Marketingplan nicht zu einem Wälzer ausufern - vier effektive, zielgerichtete und realisierbare Aufgaben sind vierzig Aufgaben, von denen Sie 39 nie erledigen werden oder die Mittel dafür haben, deutlich überlegen.

Seien Sie äußerst ehrlich, wenn es darum geht, wie viel Zeit, Geld und Energie Sie für die Vermarktung Ihres Buches aufwenden können. Wenn Ihr Plan fertig ist, streichen Sie die Hälfte der Ziele und fügen Sie jedem Plan zwei weitere Aktionen hinzu.

Denken Sie daran, dass Ihre Marketingstrategie ein "lebendes" Dokument ist; damit sie erfolgreich ist, muss sie umgesetzt werden, und damit Sie etwas tun können, müssen Ihre Pläne durchführbar sein.

Sie haben es versäumt, einen Marketingplan zu erstellen.

Jeder Tag sollte eine marketingbezogene Aufgabe enthalten, die Ihre Aufmerksamkeit erfordert, und Sie sollten mindestens einmal pro Woche Notizen machen oder Kästchen ankreuzen.

Die meisten Marketingpläne scheitern daran, dass sie erstellt und wieder verworfen werden.

BEHALTEN SIE ES IM AUGE! Auf Ihrem Tischkalender oder Ihrer Aufgabenliste, in Ihrem Daytimer, in Outlook Express, schicken Sie sich selbst E-Mail-Erinnerungen, aber Sie sollten fast jeden Tag aktiv werden. Tragen Sie Ihre Aktivitäten in einen Taschenkalender ein und nehmen Sie ihn mit - das ist die wahre Definition von "konzertierter Anstrengung". Es muss zur zweiten Natur werden, zu einer Art des Denkens!

Machen Sie es unpräzise und voll von Schlagwörtern wie "Paradigmenwechsel" (deshalb haben Sie es wahrscheinlich oben vergessen.)

Ihre Ziele sind nicht nur aggressiv, sondern müssen auch konkret sein. "5.000 Exemplare in einem Jahr zu verkaufen" ist ein hochgestecktes Ziel, aber Sie können es noch erweitern. "In einem Jahr ein Bestseller zu werden" ist ein großes Ziel ohne Bedeutung. "Eine Änderung der Einstellung zu Fußnagelpilz herbeiführen" ist ebenfalls unwirksam; es gibt nichts.

Normalerweise ist es schwierig, einen Marketingplan mit erreichbaren Zielen aufzustellen; wenn die Ziele jedoch zu unklar sind, werden Sie nie in der Lage sein, "Aktionen" zu entwickeln, um sie zu unterstützen. Wenn Sie keine "Aktionen" zur Unterstützung Ihrer Ziele festlegen können, sind Sie wahrscheinlich in irgendeiner Weise vom Kurs abgekommen.

Sie haben es nicht quantifizierbar gemacht.

Damit Ihr Marketingplan erfolgreich ist, muss es einen Mechanismus geben, mit dem Sie seine Fortschritte und erledigten Aufgaben überwachen, Folgemaßnahmen festlegen und Ziele erreichen können. Sie müssen in der Lage sein, Ihre Fortschritte zu überwachen, selbst wenn es nur darum geht, Aufgaben abzuhaken.

Ihr Marketingplan ist von unten nach oben erfolgreich, nicht von oben nach unten. Das bedeutet, dass Sie durch die Erledigung der kleinen Aufgaben am unteren Ende Ihrer "Aktionsliste" die größeren Ziele weiter oben in der Nahrungskette erreichen werden. Dies sind die täglichen Überlegungen, die angestellt werden müssen.

Sie dachten, Sie würden es nie ändern (oder sind resistent gegen Änderungen)

Marketingstrategien sind lebendig und müssen geändert werden, wenn sich die Marktbedingungen ändern, neue Ideen eingeführt werden oder sich alte Konzepte als unpraktisch oder unwirksam erweisen. Suchen Sie stets nach besseren Ideen und setzen Sie diese von Grund auf um.

Halten Sie jedoch nicht an einer Maßnahme fest, nur weil Sie sie aufgeschrieben haben; geben Sie allem eine Chance, erfolgreich zu sein, aber geben Sie es auf, wenn Sie das Gefühl haben, dass Sie sich verzetteln. Ersetzen Sie den anstößigen Teil Ihrer Idee durch etwas Neues und Innovatives.

...und schließlich, aber sicher nicht zuletzt.

Überlegen Sie, ob Sie nur Ihre Konzepte verwenden sollten.

Wie war das noch? Nichts ist neu, und alles, was es gibt, kann an Ihre Bedürfnisse angepasst werden. Lesen Sie jedes verfügbare Buch, jeden Newsletter, jedes Forum und jede Website und lassen Sie sich von überall her inspirieren. Ideen können aus allen Richtungen kommen - seien Sie aufnahmefähig!

KAPITEL 15: ÜBER DEN WORTLAUT DES BUCHES HINAUS.

Die Wahrheit ist, dass die Entwicklung und der Druck von Qualitätsbüchern teuer ist und mehrere Nachdrucke erfordert, um rentabel zu sein. Daher stammt der Großteil des Einkommens eines Autors nicht aus dem Verkauf des Buches, sondern aus den Möglichkeiten, die das Buch bietet.

Als Autor verschafft ein Buch sofortige Glaubwürdigkeit und öffnet Türen zu bisher unerreichbaren Einkommensquellen. Für Sachbuchautoren ist das Buch häufig eine Erweiterung ihres Unternehmens oder ihres Fachwissens.

Es ist ein Marketinginstrument, mit dem Sie potenziellen Kunden, Medien und Vortragsrednern Ihr Konzept und Ihren unverwechselbaren Ansatz vorstellen können. Ein Buch offenbart die Fähigkeit eines Autors, die Welt zu beobachten und neu zu erschaffen, und eröffnet ihm die Möglichkeit, andere Autoren zu lehren, zu sprechen und zu unterrichten.

Hier ist ein Beispiel für die vielen Möglichkeiten, wie ein Autor Geld verdienen kann:

1. Reden: Autoren sind gefragte Referenten für Seminare, Konferenzen und Wohltätigkeitsveranstaltungen. Vortragsverpflichtungen sind auch eine hervorragende Möglichkeit für den Verkauf hinter den Kulissen, der oft einen besseren Ertrag bringt als der Einzelhandel.

2. Lehrtätigkeit: Autoren unterrichten ihre Themen häufig auf Workshops, Konferenzen, an Universitäten, in Weiterbildungskursen, online und an anderen Orten.

3. Bücher können in Lehrerassistenten, Arbeitsbücher, Broschüren, elektronische Bücher und anderes umgewandelt werden.

4. Merchandising und Spin-Offs: T-Shirts, Poster, DVDs und andere Artikel, die auf dem Buch basieren oder mit ihm in Verbindung stehen, bieten zusätzliche Einnahmequellen.

5. Endorsements/Verpackungen: Gegen eine Provision können Autoren bei Anbietern wie Open Sky ihre Bücher mit entsprechenden Produkten verpacken und/oder bewerben.

Hat Ihr Protagonist eine Leidenschaft für Kaffee?

Verkaufen Sie bei der Werbung für Ihr Buch Kaffee, Kaffeetassen und andere damit verbundene Artikel. Gründen Sie ein Geschäft für kulinarische Produkte, in dem Sie die für die Zubereitung der Rezepte in Ihrem Buch erforderlichen Geräte verkaufen.

6. Artikel: Ein Buch verschafft Ihnen die nötige Legitimität, um Artikel über das Thema zu schreiben und zu veröffentlichen. Zeitschriften zahlen zwischen

$25 und $2.000 für gut geschriebene, maßgebliche Inhalte.

Ein Buch bietet Ihnen auch die Möglichkeit, als Experte oder Korrespondent für Medien oder Organisationen tätig zu werden.

Autoren von Sachbüchern können ein Beratungsunternehmen gründen oder ihren Kundenstamm erweitern. Belletristik-Autoren können andere Autoren durch den Schreibprozess führen.

Die Liste ist begrenzt durch Ihren Einfallsreichtum, Ihr Thema und Ihre Fähigkeit, die durch Ihr Buch gegebenen Möglichkeiten zu erkennen und zu verfolgen. Ziel ist es, nach Methoden zu suchen, mit denen Sie Ihre neue Position als veröffentlichter Autor nutzen können, um Geld zu verdienen, Ihr Profil zu erweitern und neue Wege für Ihre Talente (und Ihr Buch) zu entdecken).

SCHLUSSFOLGERUNG.

Verlassen Sie nicht Ihre Komfortzone, um Ihr Rezeptbuch oder sich selbst zu vermarkten. Es muss keine komplizierte PR-Kampagne sein oder eine High-Tech-Lösung, die Ihnen über den Kopf wächst. Hier sind einige Vorschläge zu Ihrer Unterstützung.

Sie sind ein Autor mit einem Buch, aber Sie sind auch ein Mensch, der mit Menschen aus der realen Welt zu tun hat. Nutzen Sie beide Ressourcen online.

Tun Sie alles, was Sie normalerweise mit Ihren Freunden, Ihrer Familie, Ihren Mitarbeitern und neuen Bekannten tun. Denken Sie über deren Fragen nach und beantworten Sie sie ("Die Idee für dieses Buch habe ich von. "Meine Schreibgewohnheiten sind ein bisschen seltsam. " usw.).

Diese Themen werden das Interesse Ihrer Zielgruppe wecken und eignen sich hervorragend für

Blogbeiträge. Die Menschen mögen es, in die Gedanken und Gefühle von Autoren einzutauchen. Überlegen Sie sich nicht-invasive und ansprechende Wege, um die Leute über Ihr Buch zu informieren, vor allem, wenn es ihnen helfen kann oder wenn Sie Neuigkeiten oder eine starke Empfehlung haben (nicht von Ihrer Mutter).

Wenn Sie zum Beispiel ein Krimi-Autor sind, melden Sie sich bei Krimi-Blogs an und äußern Sie sich zu dem Genre oder Thema. Wenn Sie ein Kochbuch geschrieben haben, besuchen Sie Rezeptforen und bieten Sie eines Ihrer Rezepte als Geschenk an. Ihr Ziel ist es, einen Mehrwert zu bieten und Ihre Sichtbarkeit und Glaubwürdigkeit zu erhöhen.

Werben Sie nicht zu sehr für Ihr Buch. Niemand hat Freude an einer eigennützigen Verkaufspräsentation. Dennoch können Sie in einem Blogeintrag erwähnen, dass eine Strategie, die Sie in Ihrem neuen Buch anwenden, darin besteht, den Begriff "neues Buch" mit Ihrer Website zu verknüpfen.

Aus diesem Grund brauchen Sie eine Website. Dabei kann es sich um eine einseitige Landing Page für Ihr Buch handeln, um eine vollwertige Website für alle Ihre Bücher oder um einen Blog, in dem Sie Ihre Gedanken und Kommentare als Autor veröffentlichen und den Besuchern die Möglichkeit geben, Ihr Buch in der Vorschau anzusehen und zu kaufen.

Es ist ratsam, eine URL zu haben. Es ist ein großer Vorteil, wenn Sie bei anderen bekannt und beliebt sind. Sogar eine Facebook-Seite, die Ihrer Arbeit gewidmet ist, ist in Ordnung, auch wenn sie nicht so professionell ist wie eine Website; dennoch ist sie ein hervorragender Ort, um angenehm und sympathisch zu sein.

Seien Sie ein Star in der Nachbarschaft. Sie können eine kurze (einzeilige) Ankündigung über die elektronische Veröffentlichung Ihres Buches und über sich selbst verfassen. Schicken Sie diese an lokale Zeitungen und Online-Buchrezensenten in Ihrem Bereich (mit einem Foto von Ihnen, Ihrem Buchcover oder beidem).

Beschreiben Sie sich in dem Zeitungsartikel ausführlicher als der "lokale Autor". Erwähnen Sie auf Ihrer Website oder in Ihrem Blog, dass kürzlich ein Artikel über Sie in der Lokalzeitung erschienen ist, wodurch Sie sofort zu einer Berühmtheit wurden.

Sie können viele kleine Dinge tun, um Menschen in ein Gespräch zu verwickeln, Werte zu teilen und zu diskutieren, woran jeder Einzelne arbeitet. Die wirkungsvollste und vorteilhafteste Maßnahme, die Sie ergreifen können, ist der Aufbau von Glaubwürdigkeit, indem Sie Menschen, die sich für Ihr Fachgebiet interessieren, einen Mehrwert bieten. PR dient nicht dem Verkauf. Sie ist Teil des Prozesses, Anerkennung zu erlangen. Wenn Sie darauf vorbereitet sind, ist die Teilnahme an einer Schreibkonferenz in Ihrem Genre zehnmal nützlicher.

Mundpropaganda ist ein wirksames Mittel. Suchen Sie sich einen Autor oder eine Autorin mit mehreren E-Büchern und folgen Sie ihm oder ihr online über Twitter und seinen oder ihren Blog. Folgen Sie all ihren Links, beobachten Sie, wohin sie führen und wie sie organisiert sind, und fragen Sie sie, wo Sie anfangen sollten. Seien Sie erfinderisch. Verteilen Sie kleine Flugblätter oder Visitenkarten, die Ihr Buch überall bewerben, sogar an den schwarzen Brettern des CVJM.

Zeit: Der Aufbau einer Autorenpräsenz für Sie und Ihr Buch ist zunächst wichtiger als das Schreiben des Buches. Und warum? Wenn niemand Ihr Buch liest, ist das ein Verlust für Sie. Wenn Sie das Buch nicht schreiben und trotzdem alle kommen, haben Sie einen Bedarf dafür geschaffen. Bevor Sie mit der Promotion beginnen, stellen Sie sicher, dass Sie eine gut organisierte Plattform für sich und Ihr Buch haben.

Dies ist nur die Spitze des Eisbergs. Es gibt noch viel mehr. Lassen Sie sich jedoch nicht einschüchtern. Seien Sie authentisch. Sie wissen, wo Sie in Ihrem Leben hingehören - zu Hause, bei Ihrer Familie und Ihren Freunden, bei gesellschaftlichen Anlässen, im CVJM, in Ihrer Kirche, in der Schule, usw. Wo gehören Sie nun in Ihrem Online-Beruf hin?

Sie sind ein Schriftsteller. Die Menschen sind an dieser erstaunlichen Leistung interessiert. Die Menschen sind wesentlich mehr daran interessiert, etwas über Sie zu erfahren, als Ihr Buch zu lesen. Bieten Sie ihnen das, was sie sich wünschen.

PS: Seien Sie belesen. Lassen Sie Ihr Buch professionell lektorieren und Korrektur lesen. Gestalten Sie ein auffälliges Cover mit einem prägnanten und aussagekräftigen Text. Besorgen Sie sich das bestmögliche Zitat, vorzugsweise aus einer Publikation oder von einem bekannten Autor.

Management-Fähigkeiten für Führungskräfte.

1. Zeitmanagement für Manager
2. Mitarbeiter-Coaching für Manager
3. Teambildung für Manager
4. Selbstvertrauen für Manager
5. Verhandlungsgeschick für Manager
6. Kundenservice-Fähigkeiten für Manager
7. Durchsetzungsvermögen für Manager
8. Business-Knigge für Manager
9. Zuhörfähigkeiten für Manager
10. Führungsqualitäten für Manager
11. Kommunikationsfähigkeiten für Manager
12. Präsentationsfähigkeiten für Manager
13. Stressmanagement für Manager
14. Entscheidungsfindung für Manager
15. Konfliktmanagement für Manager.

Serie: Finanzielle Freiheit in jedem Alter.

- Finanzielle Freiheit in den 20ern erreichen
- Finanzielle Freiheit in den 30er Jahren
- Finanzielle Freiheit in den 40ern erreichen
- Finanzielle Freiheit in den 50ern erreichen
- Erreichen der finanziellen Freiheit in den 60ern
- Finanzielle Freiheit in den 70ern und darüber hinaus.
- Finanzielle Freiheit bei Kindern erreichen
- Finanzielle Freiheit bei Teenagern erreichen
- Finanzielle Freiheit bei Studenten erreichen.
- Finanzielle Betrügereien, vor denen man sich im Ruhestand in Acht nehmen sollte.

Serie: Persönliche Finanzen für Sie.
- ➢ Kauf und Verkauf von Kryptowährungen für Anfänger
- ➢ Warum es Sinn macht, in Dividendenaktien zu investieren.

Serie: Reichtum 2022.

- ➢ Online-Unternehmertum.
- ➢ Ihr eigenes Unternehmen gründen
- ➢ Vermögensverwaltung
- ➢ Passives Einkommen.
- ➢ 12 Schritte zur Gründung Ihres eigenen Unternehmens.

Serie: Exzellenter Kundenservice.

- ➢ Exzellenter Kundenservice im Einzelhandel
- ➢ Exzellenter Kundenservice im Fast-Food-Bereich
- ➢ Exzellenter Kundenservice im Full-Service-Restaurant
- ➢ Exzellenter Kundenservice in der Lehre.
- ➢ Exzellenter Kundenservice in der Immobilienbranche
- ➢ Exzellenter Kundenservice in einem Call Center

- Exzellenter Kundenservice als Rezeptionist
- Exzellenter Kundenservice in einem Hotel
- Exzellenter Kundenservice im Verkauf
- Exzellenter Kundenservice in jeder Situation.
- Exzellenter Kundenservice in der Zahnarztpraxis
- Exzellenter Kundenservice in der Arztpraxis.

Serie: Schnelles Geld.

- Schnelles Geld in einer Woche
- Schnelles Geld an einem Wochenende
- Schnelles Geld in einem Monat
- Schnelles Geld für Studenten.

Serie: Wie man Werbung macht.

- Wie Sie Ihr Geschäft während einer Rezession zum Blühen bringen
- Wie Sie Ihr Rezeptbuch vermarkten
- Wie Sie für Ihr Kinderbuch werben.

Autor Bio

D.K. Hawkins. D.K. liest gerne persönliche Geschäftsbücher und verbringt Zeit in der Natur. Es werden noch mehr Bücher in dieser Sammlung erscheinen, also folgen Sie bitte auf Amazon für weitere Bücher.

Vielen Dank, dass Sie dieses Buch gekauft haben.

Ich weiß es wirklich zu schätzen und schätze Sie, meinen hervorragenden Kunden.

Gott segne Sie.

D.K. Hawkins.

www.ingramcontent.com/pod-product-compliance
Lightning Source LLC
Chambersburg PA
CBHW050011230526
45465CB00003BB/1362